FERDINAND GRANDI.

250 MANIÈRES pour APPRÊTER LES ŒUFS

2me édition
2me mille

PRIX :
2 francs.

EN VENTE
CHEZ l'AUTEUR : 15, RUE DE BASSANO
ET CHEZ P. LACAM, dépositaire, 81, RUE SAINT-DENIS, PARIS.

250 MANIÈRES

POUR

Apprêter les Œufs

250 MANIÈRES

POUR

APPRÊTER LES ŒUFS

Suivies de quelques Recettes inédites de Cuisine

PAR

FERDINAND GRANDI

Chef des cuisines de M. le marquis de **Monteynard**
Ancien Chef des cuisines
de Son Excellence le prince **Demidoff**
Auteur de plusieurs Poésies et Ouvrages culinaires

2e ÉDITION — 2e MILLE. — PRIX : 2 francs

La découverte d'un mets nouveau fait plus pour le bonheur du genre humain que la découverte d'une étoile.

BRILLAT-SAVARIN.
(Physiologie du Goût.)

EN VENTE :
Chez l'Auteur, 15, rue Bassano
Et chez M. P. LACAM, dépositaire
81, Rue Saint-Denis, PARIS

1898

Respectueusement dédié

A MONSIEUR

Le Marquis DE MONTEYNARD

Par son très humble,

très dévoué et très obéissant serviteur

Ferdinand GRANDI

AU RICHE

En formant la maison dont vous avez besoin,
Au choix d'un cuisinier mettez tout votre soin :
Voilà l'homme important, le serviteur utile,
Qui fera fréquenter et chérir votre asile,
Et par qui vous verrez votre nom respecté
Voler de bouche en bouche, à l'envi répété !

(BERCHOUX. — *La Gastronomie*).

PRÉFACE

A mon ami Ferdinand Grandi (1)

En dépit de votre grand âge (71 ans), des mille soucis qui assaillent sans cesse l'existence de tout travailleur, et des épreuves que vous avez stoïquement traversées, le courage — je le vois avec plaisir — ne vous a pas abandonné.

(1) F. Grandi est l'auteur principal du livre intitulé : *Service de table à la française et à la russe et l'Art de plier les serviettes et de faire ses menus.*

Cet ouvrage est en vente à nos Bureaux, 81, rue Saint-Denis, au prix de 2 francs.

Vous n'avez point perdu, ce dont je vous félicite, l'excellente habitude de nous donner souventes fois, pour notre plus grande satisfaction, de délicieux morceaux de prose et de poésie relatifs à nos états de bouche. Et pourtant, vous seriez en droit plus que personne, si vous le jugiez nécessaire, de jouir pleinement des charmes du repos vespéral, car, comme en font foi vos œuvres écloses en dehors de vos occupations professionnelles, vous l'avez, certes, largement mérité. (Heureusement pour nous que vous n'y songez point !) En effet, notre public aussi fidèle qu'intelligent ne saurait oublier qu'il vous est redevable de cinq ouvrages remarquables, qui vous ont valu des compliments flatteurs, les uns d'Alexandre Dumas père, les autres de M. le Marquis de Montaynard, et dont deux obtinrent le privilège d'être lus à la Sorbonne avec tout l'éclat désirable.

Est-il besoin d'en rappeler les noms ? Ils sont sans doute présents à toutes les mémoires. Mais je remplis ici en quelque sorte un rôle d'historien, et, à ce titre, je les dois mentionner. Les voici donc, avec la date de leur apparition :

1. *La Gastronomie princière*, 1866.

2. *Il cucinière economico, o l'arte di far la buona cucina*, 1870.

3. *Rime del cuoco*, 1881.

4. *La Cuisine italienne*, 1891.

5. *Les 130 manières d'apprêter les œufs*, 1893.

Aujourd'hui, vous nous offrez, sous ce nouveau titre : *250 manières d'apprêter les œufs*, une autre édition de votre dernier ouvrage, absoment transformée et considérablement augmentée. Notre public praticien, qui a su si bien apprécier votre première édition, déjà écoulée, accueillera certainement votre seconde édition avec le même empressement.

D'ailleurs, en pourrait-il être autrement quand on vous sait l'un des choryphées des artistes modernes du concert culinaire, et qu'on a connaissance de vos quatorze années de travail, comme chef de bouche, au service du Prince

Demidoff, l'un des gastronomes les plus distingués qui fut surnommé à bon droit le Prince de la Truffe.

Votre livre, mon cher ami, va donc vous placer à la tête de tous ceux qui ont traité des œufs, et par le nombre des recettes, et par l'originalité; car, je dois vous le dire, au risque d'effaroucher votre modestie, vous avez un talent d'écrivain incontestable auquel votre genre original, tout spécial, agrémenté d'une pointe de franche érudition exempte de pédantisme, sied merveilleusement.

Taillevent, sous Charles V et VI, ne connaissait que douze manières de préparer les œufs. Plus tard, le savant Platine en donnait à peine vingt, et encore ces vingt manières étaient différentes des nôtres connues sous les mêmes noms. Les œufs *brouillés*, par exemple, se faisaient avec du beurre, de l'eau, du fromage et des herbes aromatiques, puis on les rendait verts avec du jus de bourrache ou de persil, car on estimait beaucoup cette couleur dans les ragoûts. Les œufs pochés se servaient avec du jus d'orange et de l'eau rose, puis on les saupoudrait de sucre et d'épices douces. De semblables différences existaient pour les autres manières de préparer les œufs.

Cinq siècles se passèrent pendant lesquelles on créa des recettes, des méthodes pour la préparation des œufs, mais aucun auteur n'eut l'idée d'en faire un livre spécial. Ce fut Marius Berte qui, en 1878, je crois, y songea le premier en publiant ses *Œufs à la parisienne en 125 recettes;* puis vint Alfred Suzanne, en 1890, avec ses *120 manières d'accommoder les œufs*, qu'il porta à 200 en 1895 ; aujourd'hui, c'est vous qui nous en donnez 250 et vous placez par ainsi au premier rang des trois auteurs qui ont écrit un livre exclusivement sur les œufs.

Je vous souhaite la même chance pour le deuxième mille que pour le premier, et j'espère qu'une fois ce livre paru vous doterez notre art d'un sixième volume, les *Poésies culinaires et gastronomiques*. Vous n'aurez pour cela qu'à réunir les vers charmants dont vous nous avez donné la primeur; ils seront toujours un fin régal pour nous et constitueront, certes, un volume d'une importance véritable.

Une anecdote naïve pour finir. Lorsque César envahit la Gaule, il fut fort étonné de ne voir que des coqs au faîte de nos clochers et finit par demander à un curé « pourquoi toujours des coqs et jamais de poule », ce à quoi celui-ci répondit finement qu'on avait commencé par mettre des poules et qu'on avait été privé d'œufs, lesquels se cassaient tous en tombant, tant et si bien qu'on se vit dans la nécessité de mettre un coq à la place. Sans cette sage précaution, il est probable que nos trois auteurs sus-nommés dont vous êtes, et même Urbain Dubois, n'auraient pas eu à donner tant de manières d'apprêter les œufs pour mieux s'en délecter.

Tant que le monde sera monde, l'œuf aura la première place dans l'alimentation comme il l'a tout d'abord dans le ventre de la poule; sans lui vraiment, à quels piètres moyens en seraient réduits, les pâtissiers, les glaciers, les cuisiniers, etc., pour lesquels il est une source et une ressource ? Allez n'importe où, dans n'importe quel pays ; s'il n'y a rien à manger, vous y trouverez toujours quelques œufs, pourtant, avec lesquels on vous confectionnera un délicieux repas.

Donc, mes souhaits les plus sincères à votre œuvre.

P. LACAM.

INTRODUCTION

Un succès qui vous fait sourire,
C'est du courage pour l'avenir.

Le poète a raison, l'accueil bienveillant que nos lecteurs ont fait à mon petit volume, contenant cent trente manières de préparer les œufs, me donne un nouveau courage; et pour mériter encore l'attention avec laquelle a été lue ma première édition, je prépare un second mille de cette publication, qui sera considérablement augmentée ; car les cent trente recettes seront portées au chiffre de deux cent cinquante. Elles seront toutes choisies, l'auteur n'oubliant pas que l'œuf est à la cuisine ce que les articles sont aux discours.

Ces deux cent cinquante préparations pourront être presque toutes servies de deux façons :

1° Comme premier plat, au déjeuner, en prenant simplement les œufs et leurs sauces ;

2° Comme entrées, en y laissant leurs garnitures ;

Ce même livre renfermera également une vingtaine d'autres recettes de cuisine inédites.

Le cuisinier, écrivain à ses moments

de loisir, espère ainsi concilier tous les goûts délicats des gourmets, comme le fait l'œuf lui-même, en identifiant toutes les parties de la cuisine. Sans lui, adieu les crèmes, les pâtisseries, les entremets sucrés et surtout l'indispensable omelette... Si jamais, chers lecteurs, l'usage des œufs était prohibé, moi, cuisinier, je renoncerais à mon art.

FERDINAND GRANDI.

Quelques mots sur l'Œuf

On rencontre encore, de temps à autre, des gens qui prétendent qu'on ne peut savoir ni qui a fait l'œuf, ni qui a fait la poule. Je n'irai pas leur dire (ce serait inutile) que deux écoles existent donnant chacune une solution ; que, d'une part, Darwin et ses disciples répondent par la théorie du transformisme qui explique tout, au dire des matérialistes ; et que, d'autre part, les spiritualistes disent simplement : « Il y a une cause première qui a produit tout ce qui est, le monde, la terre qui n'est qu'un point dans le monde, et tout ce qui végète et vit à sa surface. Cette cause première, c'est Dieu : l'œuf et la poule sont l'œuvre de Dieu, comme les étoiles qui brillent au firmament, comme la terre qui roule dans l'espace, comme l'homme qui l'habite, comme le brin d'herbe et le grain de sable qu'il foule de son pied. »

La première réponse, à mon humble avis, ne vaut pas le diable. Quant à la seconde, quoi qu'en disent et qu'en pensent nos modernes esprits forts, elle n'est en opposition ni avec le bon sens, ni avec la raison. Car qui dit *œuvre* dit ouvrier, et plus l'œuvre est admirable et parfaite, plus l'ouvrier est habile et intelligent.

Or, chacun sait que l'homme, quelque fort qu'on le suppose, ne peut faire quelque chose de rien ; que son art et sa science ne tendent qu'à transformer la matière, qu'à l'adapter à son usage. Il n'a donc fait ni l'œuf ni la poule, s'ils ont été tirés du néant, et je ne sache pas davantage qu'il ait eu ou qu'il ait à sa disposition une substance qui puisse l'aider à les produire. Reste Dieu, dont la puissance est sans limites; quand au hasard, être abstrait et hypothétique, le mieux est de n'en point parler.

Mais là n'est pas la question. Nous n'avons à disputer ni sur l'origine de l'œuf, ni sur celle de la poule. Ce que je voudrais dire, c'est un mot des ressources que fournissent à l'art culinaire ces deux produits, dont le second est en germe dans le premier.

Tout le monde sait, les gourmets et les gourmands, et ceux qui, comme vous et moi, ne sont ni gourmets ni gourmands, que rien ne se fait d'exquis en cuisine sans l'œuf; les potages les plus fins, les sauces les plus fécondes le réclament; il leur donne je ne sais quoi de divin qui charme le palais du rustre aussi bien que celui du délicat et du blasé.

Le moindre dîner, le banquet le plus somptueux ne sauraient se passer de sa coopération. Ce petit rien, qui est tout, est en effet (et personne ne viendra me donner un démenti) comme l'élément nécessaire. On peut, à la rigueur, se passer du poulet et de la poularde qui naissent de sa coquille ; on ne peut, lui si petit, si frêle, si délicat, le négliger. On en a besoin sous une forme ou sous une autre ; tantôt il le faut pour lui-même et tantôt comme accessoire. Aussi l'entoure-t-on de soins, dès avant sa naissance. Comme il est d'une sensibilité extrême, qu'il subit les moindres influences, que son goût dépend de mille et une petites choses, de mille et un accidents, on le surveille dans son auteur, la poule ; on ne donne à celle-ci, comme aliment, quand on veut l'œuf exquis, que des graines de choix, des herbes saines, odorantes, mais dont le parfum n'est ni excessif, ni recherché ; et, si on lui permet les vers et les insectes, on prend bien garde qu'elle n'en use avec excès.

De plus, il faut l'œuf bien frais, c'est-à-dire âgé de quelques heures seulement. L'âge qui, chez la plupart des êtres, est une qualité, devient pour l'œuf une cause de dépréciation. Le mieux est de l'avoir sortant de la poule, j'allais dire du laboratoire, pour faire plaisir aux savants qui, sans respect pour les agents naturels opérant naturellement, ne voient partout que chimie, récipients et cornues.

Laissez-le, au contraire, en été surtout, quinze jours, trois semaines sans l'utiliser, vous lui trouverez, au lieu de ce goût délicieux, qui fait que les amateurs le préfèrent cru et le gobent sans plus d'apprêts, une odeur fade, nauséabonde, et un relent spécial qui seraient capables de vous le faire prendre en aversion, si vous ne saviez que cet accident est dû à son manque de fraîcheur.

J'ai dit que les amateurs le gobent sans façon. Pris ainsi, il est stomachique ; il est même, si je puis m'exprimer de la sorte, l'aliment par excellence ; car c'est, au dire des savants dans l'art de bien vivre et des médecins, le seul aliment vraiment complet : c'est le poulet en puissance que vous absorbez sans effusion de sang préalable et en dehors de tous ces préparatifs, qui seraient à vous dégoûter d'être cuisinier, si les plus excellentes choses ne naissaient souvent des pires.

Les chanteurs, les orateurs, les professeurs, tous ceux, en un mot, qui ont pour mission d'instruire et d'éduquer, tous ceux qui se plaisent à cultiver ce qu'il y a de meilleur dans l'homme, le cœur et l'intelligence, aiment l'œuf sous cette forme. Selon eux, l'œuf frais qu'un rayon de soleil a caressé est de beaucoup supérieur à celui que le feu de nos fourneaux a privé de sa limpidité, a épaissi, coagulé et transformé au point de le rendre méconnaissable. Mais ce sont dires de spécialistes, et les cuisiniers n'ont pas affaire qu'à cette espèce d'amateurs, heureusement !

Il est constant, en effet, que l'œuf, pour la plupart des amateurs, ne livre tous ses secrets que lorsqu'il est accommodé avec art.

Personne n'ignore à combien de combinaisons il se prête : le beurre, l'huile, les fines herbes, le lard et le jambon, les champignons, la truffe, ce végétal si prisé des gourmets, les épices de toutes sortes, etc., etc., sont ses tributaires et se disputent la gloire de le mettre en valeur. Ils relèvent son goût et lui donnent un parfum et un arôme particuliers, mais sans lui faire perdre ses vertus propres, croyez-le bien : pour un léger service qu'ils lui rendent, il les paie avec usure.

Il a, sans doute, besoin d'eux pour satisfaire aux exigences de palais blasés ; mais, le plus souvent, il peut se passer de leur concours. Ce ne sont, en effet, que des condiments ; et qui dit : « condiments », dit : « choses nullement indispensables ». J'irai plus loin : les condiments réduits à eux-mêmes n'ont, en général, qu'une saveur fade, désagréable ou trop forte, supportant tout juste la dégustation ; et combien ne reconquiert leur empire sur le goût que mêlés à la substance dorée de ce petit bijou de la nature, qu'enveloppe discrètement une auréole protectrice d'un blanc spécial dont la saveur ajoute encore à sa succulence !

Cuit en trois minutes et servi avec quelques mouillettes de pain frais, l'œuf fait les délices du petit enfant, qu'il fortifie, et celles du vieillard, dont il soutient les forces chancelantes. Savamment apprêté avec la truffe blanche du Piémont, ou avec la truffe noire du Périgord, il devient un mets royal d'une finesse et d'un parfum incomparables.

Je me contente de signaler ces deux modes extrêmes de préparation, l'un simple, l'autre raffiné. Ils suffisent pour permettre de conclure avec moi que, cru ou cuit, l'œuf est doué de qualités inappréciables qui le mettent hors de pair dans l'alimentation.

Que dire maintenant de l'œuf arrivé à son entier développement : du poulet et de la poularde ?

L'œuf tout court a l'avantage et le mérite d'être plus ou moins à la portée de toutes les bourses, eu égard à la saison. Le pauvre l'emploie tout autant que le riche, sinon plus ; l'ouvrier, le travailleur des champs surtout, se plaisent à en composer leurs repas et s'en font un régal. C'est un mets populaire, par excellence, et, ce qui ne gâte rien, un mets sain et bon enfant.

Mais prenez la poularde et le poulet, qui naissent de l'œuf, tout change : j'entends surtout la clientèle, et vous obtenez des ressources nouvelles. Les estomacs délicats mais formés s'accommodent de ce produit nouveau ; c'est encore un aliment sain, exquis et de premier choix qui ne le cède en rien à l'œuf, son principe ; seulement, au point de vue de l'usage, de la clientèle, ainsi que je viens de le dire, tout est changé.

Ne mange pas de poulet qui veut. Sans parler de l'enfant tout jeune dont l'estomac trop débile ne peut le digérer, combien de pauvres hères se contentent de le voir accroché à la devanture du marchand de comestibles, ou, comme ce vagabond dont parle Ésope, d'en aspirer le fumet, à la dérobée, en passant devant la cuisine du rôtisseur. C'est que le poulet, mets qui réveille et excite l'appétit, mets divin, est interdit à qui n'a pas la bourse garnie. Et c'est, selon moi, le grand, l'unique reproche qu'on puisse lui adresser. C'est peut-être aussi la raison pour laquelle, cuisiniers et amphitryons, gens d'allure aristocratique, sinon aristocrates, le prisent tout particulièrement.

Il n'est pas, d'ailleurs, une sauce qui ne dispute l'honneur d'ajouter aux qualités exquises du poulet et de la poularde et pas un repas honnête où ils ne soient offerts comme mets de choix. La blancheur de leur chair, leur succulence et leur arôme en font le plat favori des dames qui se plaisent à y mordre à belles dents. Rôti à un feu doux ou vif, mais toujours à point, ils n'ont besoin d'aucun condiment, s'ils sont gras et bien en chair ; un peu de sel et d'eau suffisent.

Je ne parle ici que de leur préparation la plus simple et la plus élémentaire ; mais à combien d'autres ne se prêtent-ils pas ? Demandez le à nos maîtres en cuisine, aux Carême et aux Brillat-Savarin. Aussi j'ai toujours pensé que nous affectionnons moins le poulet et la poularde pour la succulence de leur chair, nous cuisiniers et artistes culinaires, que pour les triomphes éclatants dont ils sont pour nous l'occasion variée et sans fin. Et puis poulet et poularde sont une des sept notes merveilleuses de la cuisine et non la moins agréable ; car, vous ne l'ignorez pas, la cuisine a sa gamme tout comme la musique.

Avec sept notes : do, ré, mi, fa, sol, la si, le musicien fait passer dans l'âme humaine les impressions qu'il lui plaît ; il la trouble ou la calme ; il lui inspire tour à tour la crainte et la terreur, la confiance et la joie ; aux éclats du rire il fait succéder, presque sans transition et à volonté, les sanglots et les larmes. Tout l'homme, corps et âme, est remué, agité en sens divers, et sept petites notes diversement combinées produisent ce résultat surprenant.

Ce que la musique produit ainsi en agissant sur le sens de l'ouïe, la cuisine le produit également, mais en s'adressant à un autre sens : le goût.

Ce n'est plus ici le nerf auditif, impressionné par les vibrations d'un instrument ou par celles de la voix humaine, qui transmet la sensation au cerveau ; c'est une infinité de petits muscles tapissant la voûte du palais mis en contact avec les sucs contenus dans ce que j'appellerai, par comparaison, les sept notes de la cuisine : le bœuf, le veau, le mouton, la volaille, le gibier, le poisson et l'œuf. Quant aux condiments et aux sauces, aux fruits et aux vins, ils ne jouent, dans le concert culinaire formé à l'aide de ces sept notes, que le rôle des dièses, des bémols et des autres signes auxiliaires, dans la musique jouée ou chantée, rôle important sans doute, nécessaire même, mais consistant à donner aux mets, j'allais dire à la note, toute sa pureté, toute sa force, toute sa suavité, en un mot, toute sa saveur.

Unissez, maintenant, la musique et la cuisine; faites des sept notes de l'une et des sept notes de l'autre comme une gamme nouvelle et vous aurez quelque chose de cette harmonie céleste que Cicéron a deviné et dont il a tenté de donner l'impression indéfinissable.

L'ouïe et le palais, divinement charmés, réagiront sur tout l'être humain; le corps, ravi et comme entraîné par le bien-être et la jouissance, ne fera plus obstacle aux belles envolées de l'âme; que dis-je! maîtrisé, galvanisé par elle, si je puis m'exprimer ainsi, il vibrera à son unisson, se spiritualisant en quelque sorte et rivalisant avec elle d'éloquence et de poésie dans son geste et son attitude. Et tout cela sera l'œuvre de quatorze notes merveilleuses, parmi lesquelles l'œuf, cet alpha et cet oméga de la vie, n'est ni la moins utile ni la moins agréable.

Aussi rendons à cette perle de nos tables la place et le respect qui lui sont dus; encourageons à l'envi sa multiplication et la reproduction des charmantes petites bêtes qui tirent d'elle leur existence. L'art culinaire aura toujours ainsi à sa portée de quoi donner aux délicats et aux raffinés, de même qu'aux faibles et aux forts, ce que les anciens ne se procuraient qu'à grand renfort de sesterces et de vies d'hommes souvent. Et il ne sera plus besoin, pour faire admirer son luxe à ses amis, à ses sujets, à ses clients, pour me servir d'une expression chère à la vanité romaine, de faire dissoudre dans un acide, ainsi que l'histoire le rapporte de la belle et néfaste Cléopâtre, une perle d'Asie de la plus belle eau et de l'avaler à leurs yeux ébahis.

Quelques œufs bien frais apprêtés avec art, une poularde de Bresse ou un chapon du Mans bien en chair et un doigt de ce *lacryma-christi*, qu'on ne servait jadis qu'à la table des rois et des empereurs, feront plus pour témoigner de votre amitié et de votre reconnaissance que tant de sacrifices d'argent insensés qui n'ont même pas l'excuse de procurer une sensation nouvelle ou inédite.

J'ai parlé de Cléopâtre, j'aurais pu citer ce fils d'Albion qui, ne sachant comment rendre un dîner somptueux qui lui avait été offert et voulant à tout prix cependant dépasser la somme dépensée par son hôte, ne trouva rien de mieux que de faire cuire, sous les yeux de celui-ci, quatre œufs à la coque avec huit cent mille francs de banknotes! Cléopâtre avait obéi à sa vanité de femme et de reine. Notre Anglais avait tout uniquement sacrifié à cette fièvre d'outrecuidance qui caractérise la plupart de ceux dont la richesse obtenue sans effort est un jeu de l'aveugle Fortune. Et qu'avait-il produit ? Quatre œufs noirs de fumée qui ne valaient pas sûrement quatre œufs cuits sous la cendre.

Je n'entends pas, évidemment, combattre ici le luxe de la table. Que deviendrions-nous, pauvres cuisiniers, si les maîtres de maison se condamnaient et condamnaient leurs hôtes au brouet noir de Sparte ? Je viens dire simplement : parmi les aliments dont on use journellement, il y en a un que vous dédaignez injustement, parce qu'il est commun et d'un prix modéré. Cet aliment, le meilleur dont vous puissiez vous servir, c'est l'œuf. Exigez seulement qu'on vous le fournisse dans certaines conditions de fraîcheur et confiez-en la préparation à un chef expérimenté et d'un goût sûr. Votre opinion à son égard, je vous en donne ma parole et j'en atteste une expérience déjà longue, changera du tout au tout ; j'ajoute enfin, et ce sera ma conclusion : « Votre palais et votre estomac y trouveront leur compte, comme votre santé. »

250 RECETTES DIVERSES

pour apprêter les œufs

ŒUFS A LA MICHELET

Faites deux verres de bonne béchamel à laquelle vous ajouterez six œufs durs coupés en petites tranches. Versez le contenu sur un plat à four, bien beurré. Recouvrez le tout d'une riche purée de pommes de terre. Dorez-la au pinceau, douze à quinze minutes de cuisson au four, et servez.

RISSOLES A LA PYGMALION

Faites une purée de carottes bien épaisse à laquelle vous ajouterez œufs durs, champignons cuits à part et hachés très fin. Mettez-y trois cuillères à bouche de petits pois sautés au beurre. Préparez vos rissoles avec de la pâte à brioche ordinaire. Placez pendant vingt minutes dans un endroit un peu chaud. Faites cuire ou frire au four. Servez sur serviette garnie de persil frit.

ŒUFS A LA OLGA

Chemisez un moule à charlotte de gelée, décorez de truffes et de blancs d'œufs; placez des œufs durs de vanneau au fond, ajoutez-y de la gelée et finissez de remplir le moule d'œufs et gelée. Démoulez sur un plat et garnissez avec une salade russe et croûtons de gelée.

ŒUFS AU PAUVRE HOMME

Faites frire des œufs, garnissez-les de moules à la poulette, ajoutez-y, au moment de servir, une goutte de vinaigre.

ŒUFS A LA SANTIAGO

Faites frire des œufs que vous servez sur un lit de piment doux d'Espagne, en tranches sautées au beurre, très peu de tomates, sel et poivre de cayenne.

ŒUFS AU GRAND CONDÉ

Œufs brouillés garnis de petites timbales au riz au gras. Sauce Périgord.

ŒUFS A LA JEANNETTE

Versez sur un plat une purée de petits pois. Placez dessus des œufs pochés. Servez à part une sauce charron.

(Sauce charron : moitié sauce tomate et sauce béarnaise.)

ŒUFS MAILLOTTÉS

Enveloppez des œufs mollets, cuits pendant cinq minutes et bien refroidis, dans des abaisses de feuilletage d'une épaisseur d'un demi-centimètre. Placez-les sur une plaque, dorez-les, puis dix minutes de cuisson au four. Servez sur serviette.

ŒUFS A LA CASTIGLIONE

Remplissez un moule à charlotte de bon riz au gras et suffisamment refroidi. Videz en grande partie le centre de ce moule. Comblez la timbale avec une bonne béchamel. Mélangez-y des œufs durs accompagnés de petites tranches de langue écarlate. Démoulez avec précaution et saucez avec une demi-glace.

ŒUFS A LA REVALESCIÈRE

Faites une bouillie de revalescière au lait et beurre. Placez dessus des œufs pochés et servez nature.

ŒUFS A LA VALLIÈRE

Placez dans un plat un ragoût de fonds d'artichauts accompagnés de quelques cuillerées de pointes d'asperges. Recouvrez-le d'une bouillie de farine de maïs préparée au gras. Semez dessus du parmesan râpé, ajoutez-y du beurre fondu au four pendant dix minutes. Garnissez-le d'œufs durs.

SUBRIAQUE D'ŒUFS

Brouiller huit œufs auxquels vous ajoutez, par moitié de leur volume, des épinards au beurre bien desséchés. Salez et poivrez. Ajoutez-y six jaunes d'œufs. Faites des croquettes non panées. Pochez-les dans du bouillon ou dans l'eau salée, si elles doivent être au maigre. Égouttez convenablement. Versez sur un légumier. Saucez à la tomate ou à la sauce espagnole.

FILETS D'ŒUFS A LA GÉNOISE

Préparez des filets avec des œufs brouillés. Panez et sautez au beurre une fois. Dressez-les en couronne dans un plat. Garnissez-en le milieu de cèpes à la bordelaise. Aucune sauce.

ŒUFS A LA NIÇOISE

Prenez huit œufs auxquels vous ajoutez un verre de crème. Battez-les en omelette au naturel.

Versez vos œufs dans un légumier, préalablement garni de croûtes de pain rôties et saupoudrées de parmesan râpé. Répandez ensuite du fromage râpé et du beurre fondu pendant vingt minutes de cuisson au four.

OMELETTE NATIONALE

Faites au naturel une omelette de huit œufs. Versez-la sur un plat. Garnissez-en le tour de petits bouquets de navets, de carottes et de betteraves. Ces légumes seront faits à l'aide de la petite cuillère à légumes et cuits à l'eau salée et sautés au beurre.

ŒUFS AU POLE NORD

Faites prendre dans un plat de l'aspic blanc

avec des œufs durs, par moitié, d'œufs et d'aspic, dressez une pyramide, masquez-la bien de gelée, garnissez-en le tour de bouquets de choux-fleurs en salade et très peu assaisonnés.

ŒUFS AUX LIMONEDIERS

Placez dans un plat des œufs durs coupés par moitié. Couvrez-les d'une salade de céleri faite aux fines herbes. Garnissez le plat de petits cœurs de laitues et de moitiés de tomates, sans pépin, et assaisonnées.

SALADE D'ŒUFS A LA RUSSE (Nouvelle méthode)

Préparez dans un saladier un condiment composé de moutarde, sel, poivre, huile, vinaigre, exactement mélangé. Ajoutez-y, cuits à point, choux-fleurs, betteraves, fonds d'artichauts, pommes de terre, têtes de céleri. Divisez le tout par petites parties, auxquelles vous ajouterez des jaunes d'œufs durs, accompagnés de quelques noix. Recouvrez cette salade d'une seconde salade de concombres bien assaisonnée.

ŒUFS A LA NARBONNE

Faites frire des œufs pochés. Placez-les sur un lit d'une bonne sauce tomate, très épaisse et mélangée de petits croûtons de pain frits au beurre comme ceux des potages.

ŒUFS A LA CÉSAR

Mettez dans un légumier un bon ragoût de jarrets de veau sans os et coupés en morceaux de la grosseur d'une noix. Garnissez d'œufs durs chauds et placez au centre du ragoût des pommes de terre à la cuillère, sautées au beurre et peu colorées.

ŒUFS AUX POÈTES

Faites des œufs sur le plat, que vous recouvrez d'un mélange de pointes d'asperges, de petits pois et d'haricots verts sautés au beurre. Garnissez de croûtons faits de pommes de terre Duchesse.

ŒUFS A LA DIANE

Faites des œufs mollets à cinq minutes. Posez-les sur une bordure à la reine, c'est-à-dire purée de volaille. Garnissez le milieu d'un montglas. Glacez les œufs et la bordure et servez bien chaud.

ŒUFS BROUILLÉS A LA NICOLAS BOURGOIN

Taillez dans un pain à mie douze croustades en forme de coquetier ; entaillez autour de la surface, faites-les frire et videz-les le plus possible avec précaution. Remplissez-les d'œufs brouillés et couvrez-les d'une tête de champignon cuite à part et bien blanche, placez au milieu de chaque champignon une petite truffe et dressez vos croustades bien chaudes sur un plat rond où se trouvera déjà une petite bordure de riz de la hauteur d'un centimètre. Remplissez le puits du plat avec des œufs brouillés et, à l'aide d'une cuiller, faites un trou au milieu. Remplissez celui-ci de pointes d'asperges cuites à l'eau salée et sautées au beurre. Faites tomber partout de la glace de viande avec le pinceau. Servez bien chaud.

CRÈME D'ŒUFS A LA BICHOT

Faites cuire huit œufs brouillés, passez-les au tamis de Venise, ajoutez-y de la moitié du volume, une sauce veloutée, mélangez bien le tout et ajoutez un salpicon de truffes crues, assaisonnées de sel, de poivre et de noix de muscade râpées. Ajoutez quatre jaunes d'œufs, versez le tout dans un plat creux allant au four, bien tassé et saupoudrez de chapelure mélangée avec du parmesan râpé. Répandez sur la surface du beurre fondu. Mettez au four pendant dix minutes, puis retirez et garnissez de croustades de pain remplies d'un salpicon de truffes, de langues et de champignons, le tout lié avec une sauce brune.

ŒUFS A LA SARAH-BERNHARD

Coupez en petits dés de la tête de veau cuite. Liez-la avec une bonne sauce espagnole. Dressez autour d'un plat des œufs pochés sur des croûtons de pain frit. Placez votre petit ragoût au milieu et saucez avec une demi-glace.

ŒUFS A LA DUSE

Préparez sur un plat, en guise de garniture, du bon riz cuit au gras et placez sur cette bordure une tête de céleri braisée dans du jus et des œufs mollets à 6 minutes ; saucez avec le jus du céleri.

ŒUFS EN ROBE DE CHAMBRE

Préparez des œufs pochés bien froids. Masquez-les dans la pâte à frire. Plongez-les au dernier moment dans la friture bien bouillante. Dressez sur une serviette. Servez à part une sauce tomate.

ŒUFS A L'AMÉRICAINE

Trempez des œufs mollets à 6 minutes dans de la sauce allemande, pas trop réduite. Touchez-les ensuite dans de la chapelure blanche, dans l'œuf battu et de nouveau dans la chapelure. Faites frire au dernier moment. Dressez sur serviette avec du persil frit. Servez.

CULIBIAQUES D'ŒUFS A LA NICOLAS II

Faites avec de la pâte à brioche douze abaisses mesurant 6 centimètres de longueur sur 4 de largeur et de l'épaisseur d'une pièce de 5 francs. Mettez dans six de ces abaisses un salpicon d'œufs durs, fines herbes et du vesiga, lié d'une sauce béchamel ; humectez-en les bords et couvrez-les ensuite à l'aide des six autres abaisses. Collez-bien, dorez-les à l'œuf battu, semez dessus quelques graines de fenouil. Mettez au four pendant 12 minutes.

ŒUFS A LA LACAM

Faites frire des croûtons de pain ronds. Garnissez-les d'un salpicon de champignons liés avec de la sauce espagnole. Posez sur chaque croûton un œuf mollet de 5 minutes : saucez avec une sauce Colbert.

ŒUFS A LA DARENNE

Faites rissoler à la poêle trois tomates coupées en deux, après en avoir enlevé les pépins ; mettez-les sur un plat où vous aurez préalablement disposé six croûtons de pain frits. Placez un œuf frit sur chaque tomate et saucez avec une sauce Colbert.

ŒUFS SAVOISIENS

Préparez une purée de céleri bien épaisse. Garnissez avec de larges croûtons de pain frits. Placez sur chacun de ces croûtons un œuf poché. Glacez au pinceau et mettez au milieu le reste de la purée de céleri.

ŒUFS A LA RUSSE

Chemisez d'aspic un moule à douilles. Garnissez-le complètement de salade russe mélangée d'aspic et d'une couche de demi-œufs durs ; remplissez le moule. Lorsqu'il sera bien pris sur glace, démoulez sur un plat rond et mettez autour des croûtons d'aspic, des olives sans noyaux et des anchois bien dessalés.

ŒUFS A LA MODE

Faites cuire avec du bon jus des carottes tournées. Dressez-les sur un plat rond où vous aurez déjà déposé une bordure de purée de pommes de terre et disposez des œufs frits, en couronne, sur cette bordure de glace.

ŒUFS EN SURPRISE

Beurrez grassement un plat à soufflé. Placez-y des œufs mollets froids ; couvrez-les avec une bonne béchamel à laquelle vous aurez mélangé, au dernier moment, quelques blancs d'œufs montés en neige. Mettez au four huit à dix minutes ; c'est suffisant.

ŒUFS MÉNAGÈRE

Coupez en lame des œufs durs que vous placez dans un plat creux. Préparez dans un bol une vinaigrette aux fines herbes et un peu de moutarde ravigote. Posez dessus, en étoile, des demi-anchois bien dessalés et quelques olives sans noyaux, saucer avec la vinaigrette.

ŒUFS A LA RIPOUTEAU

Préparez une bordure de nouilles sur un plat rond ; posez dessus des œufs mollets que vous séparez avec une belle crête de coq. Mettez au milieu une purée d'artichauts et saucez avec une sauce Périgueux.

PATÉ D'ŒUFS

Faites une croûte avec de la pâte à braiser dans un moule à charlotte. Faites-la cuire avec des noyaux à l'intérieur. Après cuisson, retirez les noyaux; nettoyez bien dedans et remplissez la croûte d'œufs mollets à 7 minutes, de champignons cuits d'avance et de quenelles de volailles. Saucez avec une sauce espagnole au madère et quelques lames de truffes.

ŒUFS A LA FERMIÈRE

Faites frire des œufs à l'huile et des croûtons de pain trempés d'abord dans du lait chaud, puis passés dans la farine et ensuite dans l'œuf battu.

Dressez les croûtons sur un plat et sur chaque posez un œuf frit. Saucez avec une sauce modérément piquante.

ŒUFS POCHÉS A LA NEIGE

Placez des œufs pochés sur un plat creux bien beurré qui peut aller au four. Recouvrez les œufs avec une bonne béchamel mélangée avec du blanc d'œuf monté bien ferme, saupoudré de Parmesan et deux ou trois cuillerées de beurre fondu.

Donnez-lui 5 minutes de four en posant le plat sur une brique.

CHAUD-FROID D'ŒUFS

Trempez dans une sauce chaufroid blanche des œufs mollets, à 6 minutes, bien froids et bien séchés avec un linge. Dressez sur un plat rond une bordure de salade russe à la gelée et placez les œufs sur cette bordure.

ŒUFS A LA MONTEYNARD

Préparez des œufs pochés bien frais et bien séchés dans un linge ; au dernier moment trempez-les dans la pâte à frire et jetez-les dans la friture bien chaude; une minute de cuisson suffit. Dressez sur une serviette avec persil frit et une sauce tomate à part.

ŒUFS A LA ÉLISABETH

Bourrez bien une casserole d'argent à soufflé, mettez dedans des œufs mollets à 5 minutes; couvrez-les d'une sauce hollandaise bien chaude. Saupoudrez de parmesan et de chapelure blanche, sans beurre. Lorsque le fromage est fondu, passez dans un four très chaud 2 minutes; servez.

OMELETTE PARMENTIER

Faites 6 omelettes de 2 œufs chacune; sur chaque omelette, étendez une bonne purée de pommes de terre. Tournez les omelettes, dressez-les sur un plat rond; donnez-leur un coup de four. Saucez avec une sauce Périgueux et servez.

ŒUFS A LA MODE DE WESTPHALIE

Coupez en dés 500 grammes de jambon de Westphalie. Faites le revenir dans une casserole avec un peu de beurre. Ajoutez 4 cuillerées à bouche de petits croûtons de pain frits au beurre, comme on fait pour les potages. Dressez en couronne, sur un plat, des œufs frits. Mettez le petit ragoût de croûtons et jambon et glacez le tout au pinceau.

OMELETTE A LA RUSSE

Mettez dans une poêle du beurre et 4 cuillerées de vésiga bien cuit avec quelques champignons. Faites bien chauffer le tout et mettez vos œufs battus en faisant l'omelette. Garnissez de petites croustades de pain à la moelle.

ŒUFS A L'ACADÉMIE DE CUISINE

Préparez une bordure de salade russe à la gelée. Posez sur cette bordure des fonds d'artichauts bien blancs, puis garnissez-les d'un peu de mayonnaise; placez debout sur chaque artichaut un œuf mollet à 6 minutes 1/2. Faites une croix avec des anchois bien dessalés sur chaque œuf en posant sur le sommet de l'œuf 2 demi-anchois. Remplissez le milieu d'une salade à la Demidoff faite de pommes de terre et de truffes coupées en tranches; garnissez d'olives désossées.

ŒUFS A LA MODERNE

Foncez de petites darioles beurrées de farce à quenelles. Remplissez-les d'œufs brouillés aux pointes d'asperges. Couvrez avec la farce. Faites cuire 6 minutes au bain-marie. Démoulez sur un croûton de pain frit. Mettez au milieu un petit ragoût de champignons et saucez avec une sauce Charron.

ŒUFS EN BELLEVUE

Chemisez un moule à Charlotte avec de l'aspic. Décorez avec des truffes, langues et blancs d'œufs. Finissez de monter avec des œufs durs préalablement vidés puis remplis d'une jardinière à la mayonnaise. Mettez entre les œufs. quelques grosses olives farcies au beurre d'anchois.

ŒUFS POÉTIQUES

Coupez en deux des œufs durs et videz-les soigneusement. Remplissez-les ensuite d'une farce de foie au gratin mélangée de truffes hachées et de blancs d'œufs à la neige. Lissez avec un couteau et passez dix minutes au four. Placez-les sur un plat où vous avez déjà disposé des croûtons de pain à la moelle en forme d'œufs et garnissez le milieu de raviolles au fromage.

ŒUFS A LA VARONSOFF

Faites de petites omelettes que vous masquez dans un appareil à croquettes de truffes, champignons et langues; tournez-les comme on fait pour les panquettes. Mettez-les sur un plat rond allant au four. Couvrez-les complètement d'un appareil au foie de veau avec des blancs d'œufs montés; lissez-bien avec un couteau. Dix minutes de four suffisent, en posant le plat sur une brique froide.

ŒUFS A LA CUSSY

Préparez des œufs pochés que vous posez sur des croûtons de pain frit couverts d'une purée de volaille. Placez un mont-glacé au milieu et saucez avec une sauce suprême.

ŒUFS A LA HARDOUIN

Versez dans un plat une purée d'artichauts. Disposez autour du plat des œufs mollets; recouvrez complètement d'un appareil à soufflé, de bonne béchamel et de blancs d'œufs montés.

Lissez bien et passez dix minutes au four; en sortant du four, garnissez de têtes de champignons glacées.

ŒUFS A LA CHAMBORD

Même préparation que la précédente; seulement dans l'appareil à soufflé, ajoutez des rognons de chaperons blanchis et mélangés de quelques petites truffes.

ŒUFS A LA PALMERSTON

Disposez sur un plat rond des croûtons de pain grillés et bien minces. Placez sur chaque croûton des tranches de jambon sauté; sur ce dernier posez des œufs frits et saucez avec une bonne sauce poivrade.

ŒUFS A LA MÉNAGÈRE

Coupez des œufs durs en tranches; disposez-les sur un plat de service, versez dessus une vinaigrette préparée aux fines herbes et à la moutarde d'estragon. Garnissez le plat de filets d'anchois, câpres, cornichons et betteraves; servez.

ŒUFS COMÉDIENS

Disposez des œufs mollets en couronne sur un plat rond; versez au milieu une purée de haricots blancs bien beurrée. Saucez avec une maître-d'hôtel.

ŒUFS AUX CRIS-CRIS

Beurrez grassement des darioles. Chemisez-les avec des truffes bien hachées, cassez dedans un œuf bien frais; faites cuire au bain-marie et disposez chaque dariolle sur un croûton frit au beurre. Saucez ensuite avec une sauce Colbert.

TOPINELLE D'ŒUFS

Coupez en deux de grosses pommes de terre rondes, essuyez-les bien, mettez-les au four et faites-les cuire complètement. Creusez-les le plus possible et avec ce que vous retirerez, vous obtiendrez une purée bien ferme. Chemisez convenablement l'intérieur des pommes de terre creusées avec la purée bien beurrée, glacez-les au pinceau et placez sur chacune d'elles un œuf poché; saucez ensuite avec une sauce Maître-d'hôtel et servez bien chaud.

PAIN D'ŒUFS A LA KRAZINSKI

Préparez la quantité de trois verres sauce béchamel; incorporez-y huit jaunes d'œufs et la valeur d'un verre de salpicon, langue, jambon, truffes et champignons. Assaisonnez à point et versez cet appareil dans un moule à douilles bien beurré. Faites pocher pendant vingt minutes au bain-marie. Démoulez sur un plat rond et saucez avec une demi-glace.

TARTE D'ŒUFS MONÉGASQUE

Faites une abaisse ronde en feuilletage, de la hauteur d'un demi-centimètre et soixante de circonférence. Placez sur cette abaisse des œufs durs coupés en tranches; liez-les avec une sauce allemande à laquelle vous aurez préalablement mélangé du parmesan râpé. Recouvrez avec une abaisse semblable à la première; joignez-les ensemble avec de l'œuf battu. Faites un petit décor à l'aide de la même pâte. Dorez et donnez un quart d'heure de cuisson au four.

ŒUFS HYGIÉNIQUES

Faites une purée de volaille un peu liquide, pas trop assaisonnée, que vous versez au moment de servir, sur un plat creux. Rangez en forme de couronne des œufs mollets que vous parsemez de truffes hachées. Répandez sur ces œufs, à l'aide d'un pinceau, un peu de glace de viande et servez bien chaud.

ŒUFS A LA RANHOFER

Faites prendre de la gelée sur un plat rond, au centre duquel vous démoulez un zéphir de volaille, c'est-à-dire des filets de volailles pilés au mortier et mélangés à de la crème ferme. Assaisonnez, passez au tamis et pochez au bain-marie. Garnissez le tour du zéphir avec des œufs mollets cuits pendant six minutes. Entourez le haut du même zéphir de petites truffes cuites au madère et glacées. Contourner le plat et servir bien froid.

ŒUFS A LA CHEVALIER

Garnissez des dariolles beurrées avec de la farce de volaille. Remplissez le vide de cette garniture à l'aide d'œufs brouillés, mélangés de quelques truffes hachées. Ces deux préparations doivent être chaudes avant d'opérer le versement à l'intérieur. Recouvrez toutes les dariolles avec de la farce. Faites pocher au bain-marie pendant cinq minutes. Démoulez les dariolles sur un croûton de pain frit au beurre. Remplissez le fond du plat de pointes d'asperges à la sauce allemande, et saucez légèrement les dariolles avec une demi-glace.

SANDWICHS D'ŒUFS CHAUDS

Faites cuire sur une plaque, en lui donnant la forme d'un pain bouleau, une brioche maigre, c'est-à-dire ne contenant que la moitié du beurre nécessaire aux brioches ordinaires. Coupez cette brioche en tranches d'un demi-centimètre et replacez ces tranches dans le four afin de les faire sécher des deux côtés. Masquez une tranche à l'aide d'œufs brouillés aux truffes. Recouvrez avec l'autre tranche pour former la sandwich et servez bien chaud.

ŒUFS A L'AMOUR

Placez sur un plat rond des fonds d'artichauts braisés au jus. Posez, sur chacun d'eux, un œuf mollet cuit pendant six minutes. Remplissez le milieu du plat d'une jardinière de légumes liés avec une sauce espagnole. Garnissez de petits bouquets de choux-fleurs. Glacez le tout et servez bien chaud.

ŒUFS MODÈLES

Placez sur un plat rond une pyramide de bon riz au jus et parmesan râpé. Garnissez-en le tour d'œufs pochés dans des moules à dariolles. Saucez avec de la sauce brune contenant des champignons biens hachés.

ŒUFS AU POLE

Montez sur un moule à charlotte des couches

d'œufs pochés et de la bonne aspic. Garnissez-en le tour de têtes de champignons bien cuits et trempés dans une sauce chaufroid claire. Croûtonnez le plat et servez bien froid.

OMELETTE A LA MARINIÈRE

Faites une omelette au naturel, et avant de la tourner, placez sur toute son étendue un ragoût de queues d'écrevisses, de moules, d'huîtres et de champignons liés bien ferme par une sauce brune. Terminez l'omelette en l'arrondissant. Versez sur le plat et glacez.

ŒUFS A L'AMAZONE

Faites une purée de champignons que vous placez sur un plat rond. Dressez autour des œufs mollets, alignés dans leur longueur afin que les deux extrémités se touchent. Mettez à cheval sur le côté de chacun des œufs une belle crête taillée dans le pain et frite au beurre. Remplissez le milieu de petits croûtons de pain frit de trois centimètres de long et de la grosseur d'un gros macaroni. Saucez le tout avec une petite quantité de demi-glace.

ŒUFS AUX CONFISEURS

Préparez huit œufs comme pour une omelette au naturel. Beurrez un moule à charlotte. Versez les œufs battus dans ce moule en y ajoutant six croissants coupés par petites tranches, le tout bien imbibé; faites cuire au bain-marie pendant quinze minutes. Démoulez sur un plat rond. Saucez avec une sauce allemande à laquelle vous aurez mélangé une julienne de truffes, champignons et langue.

ŒUFS BAR-LE-DUC

Hachez bien fin six œufs durs. Mélangez-les avec une bonne sauce béchamel. Ajoutez-y quelques truffes coupées en dés. Versez le tout bien chaud dans une croustade taillée dans du pain à mie.

ŒUFS A L'ENTREPRENEUR

Prenez un saladier dans lequel vous coupez des œufs durs bien froids. Couvrez-les avec une sauce tartare bien assaisonnée. Garnissez le tour de petits bouquets de laitue, cornichons, câpres, olives désossées et anchois au sel bien dessalés.

ŒUFS A LA MODISTE

Faites cuire des fonds de petits artichauts à l'eau salée. Égouttez-les bien. Placez-les sur un plat creux. Mettez sur chacun des artichauts un œuf cuit dans un moule à dariolles bien beurré. Au moment de servir, saucez avec une sauce espagnole à laquelle vous aurez ajouté cinq à six cuillerées de jardinière composée de pointes d'asperges, petits pois, carottes et navets. Garnissez le tour du plat de petits bouquets de choux-fleurs cuits à l'eau salée.

ŒUFS SUZANNE

Faites huit œufs brouillés auxquels vous aurez mélangé une petites truffe hachée fin. Versez ce contenu au centre d'un plat où vous aurez préalablement dressé une bordure de riz cuit au jus. Garnissez le haut de la bordure de croustades à la moëlle. Glacez bien le tout et servez.

ŒUFS EN PAPILLOTTES

Versez sur un plat rond creux une purée de navets riches. Garnissez entièrement le plat de côtelettes faites avec des œufs durs liés par une forte béchamel. Panez et faites sauter au beurre. Mettez une papillotte à chacune des côtelettes. Glacez au pinceau et servez bien chaud.

ŒUFS A LA THÉRÈSE

Faites une bonne purée de canard, versez-la sur un plat rond. Placez sur cette purée des œufs frits et des croûtons de pain frits au beurre. Saucez avec une légère sauce tomate et servez.

ŒUFS NANAN

Mettez dans une casserole d'argent huit œufs mollets bien chauds. Versez sur ces œufs une sauce suprême accompagnée d'une julienne de truffes, champignons et carottes. Saupoudrez de parmesan, ajoutez-y un peu de beurre fondu. Un coup de four bien chaud et servez.

ŒUFS A LA OURONSSOFF

Prenez un plat rond, placez au fond un croûton de pain frit sur lequel vous étendez des œufs pochés. Versez sur les œufs une béchamel légèrement épaisse et mélangée d'une petit ragoût de champignons. Servez.

NIDS D'ŒUFS A LA HONGROISE

Faites cuire huit œufs durs, coupez de 1 centimètre la pointe de chacun d'eux, sans casser le reste de la coquille. A l'aide d'une cuillère à légumes, videz l'œuf le plus possible. Masquez légèrement les parois de l'œuf avec de la farce à quenelle, introduisez-y une mauviette accompagnée de farce à gratin cuite d'avance. Bouchez l'ouverture de l'œuf avec de la farce à quenelle. Faites pocher au bouillon pendant vingt minutes.

Retirez la coquille de l'œuf en maintenant la tête de la mauviette du côté de la farce. Placez vos œufs sur un nid fait de pommes de terre paille ou d'allumettes en feuilletage. Servez à part une sauce Colbert.

NOTA. — On peut également faire le nid avec des aiguillettes cuites à l'eau salée, assaisonnées de beurre et fromage, et saucer les œufs avec la même sauce.

OMELETTE TOSCA

Faites une omelette de huit œufs avec beaucoup de fromage râpé. Versez-la sur un plat dont le tour est préalablement garni de ravioles au jus et de croquettes de riz. Glacez l'omelette.

ŒUFS A LA PAIX

Prenez des œufs durs, videz-les comme pour de petites bouchées. Dans chacun d'eux, introduisez un petit ragoût différent; champignons, truffes, fonds d'artichauts, langue et jambon. Dressez sur un plat rond et placez au centre une pyramide de riche purée de pommes de terre. On peut ajouter entre chaque œuf une crête de pain frit. Saucez avec une demi-glace.

OMELETTE A LA CHARLES DEJOB

Faites au naturel une omelette de six œufs; avant de la plier, couvrez-en la superficie avec un petit ragoût de jambon lié avec de la sauce tomate additionnée de beaucoup de fines herbes. Versez sur le plat et garnissez-en le tour de petites croustades de pain frit et remplissez tous les vides avec le même ragoût.

ŒUFS AUX GAIS TROUBADOURS

Prenez six œufs, faites-les frire, rangez-les sur un plat où vous aurez préalablement mis des petits pois à la française sans sucre. Garnissez le tour du plat de têtes de champignons cuits suivant la règle. Glacez bien le tout et servez.

ŒUFS A LA CITOYENNE

Faites huit œufs brouillés dans lesquels vous

aurez mis des fines herbes contenant beaucoup d'échalotes. Garnissez le tour de petites tranches de langue écarlate. Saucez légèrement avec une sauce brune.

SALADE DU POÈTE

Coupez en lames des œufs durs, pommes de terre cuites, concombres, fonds d'artichauts cuits, cornichons, un peu de câpres. Masquez le tout avec une mayonnaise. Mettez dans un saladier garni d'anchois salés et d'olives.

ŒUFS À LA TRAVIATA

Faites huit œufs pochés, placez-les sur un plat rond, garnissez-en le centre de foie de veau coupé en dés et sauté au beurre. Ajoutez-y des champignons coupés de même. Saucez avec une sauce indienne faite de sauce espagnole à laquelle vous aurez ajouté un peu de paprika.

ŒUFS A LA CYRANO

Faites une riche béchamel, placez-la sur un légumier en la couvrant de jaunes d'œufs durs, de truffes, de têtes de champignons de la grosseur du jaune d'œuf. Glacez bien le tout au pinceau.

OMELETTE A LA TRAGÉDIENNE

Faites au naturel une omelette de quatre œufs; sans la plier, versez-la sur le plat du côté cuit. Placez dessus un petit ragoût de ris d'agneau aux truffes. Faites une seconde omelette et couvrez-en hermétiquement le ragoût.

ŒUFS A LA MODISTE

Faites cuire pendant sept minutes des œufs mollets, dressez-les ensuite sur un plat en coupant l'extrémité de chacun d'eux. Garnissez le centre du plat d'une macédoine de légumes liée avec une sauce hollandaise. Placez sur chaque œuf une tête de champignon et sous cette tête un petit rond de truffes. Servez à part le reste de la sauce.

ŒUFS A LA CASTELLANE

Faites des œufs sur le plat avec poivre et sel. Versez sur ces œufs du jambon et du piment doux d'Espagne coupé en petits dés et lié avec une sauce Colbert.

ŒUFS AU VÉSUVE

Versez sur un légumier des moitiés d'artichauts cuits en ragoût. Recouvrez ce ragoût d'une purée de jaunes d'œufs que vous aurez délayé avec un peu de sauce tomate. Garnissez de tomates farcies à l'aide de champignons et fines herbes cuites au four.

CHARLOTTE D'ŒUFS A LA DUMAS

Coupez, dans du pain rassis, des carrés de la hauteur du moule à charlotte et d'un centimètre de large; faites-les frire légèrement. Coupez aussi, dans du pain rassi, une étoile pour garnir le fond du moule et faites frire également. Une fois votre moule garni, faites deux verres de bonne béchamel ; ajoutez 8 œufs durs coupés en tranches ainsi qu'une truffe hachée fin.

Assaisonnez et ajoutez 8 jaunes d'œufs.

Remplissez le moule avec cet appareil, et faites cuire au bain-marie pendant trois quarts d'heure. Démoulez votre charlotte sur un plat rond que vous graisserez avec du beurre bien frais mélangé avec un peu de sauce tomate et une cuillerée de parmesan ; ajoutez sel, poivre et un peu de muscade.

ŒUFS D'ÉPICURIEN

Prenez cinq belles truffes brossées et bien propres ; coupez-les en deux et videz-les le plus possible ; mettez dedans une purée de foie gras, ensuite placez-y un œuf de vanneau ; reformez les truffes avec de la purée de foie gras, puis saupoudrez avec des truffes hachées très fin. Placez les truffes sur une casserole basse ; un demi-verre de madère ; sel et poivre de Cayenne ; couvrez la casserole et faites cuire un quart d'heure tout doucement.

Placez vos truffes sur un plat où vous avez mis d'avance des croustades de pain frit; ajoutez dans la cuisson des truffes un demi-verre de sauce brune; donnez-lui un peu d'ébullition. Saucez vos truffes et servez.

Remarque. — Il est préférable de les servir dans un légumier bien couvert.

(La truffe est le diamant de la cuisine.)

Brillat-Savarin.

ŒUFS A LA RUSSE

Faites cuire dans du bouillon une demi-livre de sarrasin; retirez du feu et ajoutez 8 œufs. Remettez sur le feu et faites cuire les œufs à moitié; ajoutez-y 4 cuillerées de vésiga (1) bien cuit d'avance; assaisonnez; versez l'appareil dans un moule à cylindre bien beurré; faites cuire 20 minutes au bain-marie. Démoulez sur un plat et garnissez de petites croquettes panées faites avec le même appareil; saucez avec une bonne demi-glace et servez.

---

(1) Nerf de l'épine dorsale de l'esturgeon, se trouve chez Gillot, rue des Petits-Champs.

CANNELONS D'ŒUFS

Préparez 8 œufs pour omelette; formez avec 12 petites omelettes sans les rouler ; étalez sur les omelettes des épinards au jus de bon goût; roulez-les bien pour leur donner la forme des cannelons. Enveloppez-les dans de l'hostie, touchez-les sur la pâte à frire, et faites-les frire d'une belle couleur.

Montez sur un plat avec serviette ; garnissez de pommes de terre paille.

REMARQUE. — Les épinards devront être très épais.

ŒUFS A LA DEMIDOFF

Faites une omelette de 8 œufs pas trop cuite ; posez-la sur un plat d'argent beurré sans la rouler ; masquez vivement l'omelette avec une purée d'artichauts de bon goût et bien épaisse ; mettez-la au four pendant 3 minutes sur une grille pour que le plat d'argent ne touche pas le fond du four. Garnissez de croûtons à la moelle, glacez-la bien et servez vite.

ŒUFS MARIÉS

Préparez 8 fonds d'artichauts blanchis et cuits au jus; retirez de la cuisson. Remplissez les artichauts avec 4 œufs durs hachés très fin; mélangez avec beaucoup de fines herbes hachées très fin aussi et blanchies; ajoutez 3 jaunes d'œufs crus, du sel et un peu de poivre de Cayenne ainsi qu'un peu de sauce tomate; mélangez bien le tout, avant de remplir les artichauts; lissez bien avec la lame d'un couteau; saupoudrez de chapelure et de beurre fondu; mettez au four quatre minutes. Arrangez sur le plat, glacez et servez.

ŒUFS A LA HENRI DE PÈNE

Foncez une bordure à tarte avec du feuilletage; piquez beaucoup la pâte au fond pour l'empêcher d'enfler; faites-la cuire au four pas trop colorée; retirez-la vivement du four. Cassez dedans 8 œufs bien frais sans les crever. Remettez au four et faites cuire juste.

Retirez et servez de suite en saupoudrant de sel et de poivre.

Servez à part, dans une saucière, de la sauce Charron.

REMARQUE. — La sauce Charron se compose moitié de sauce Béarnaise et moitié de sauce tomate sans farine.

ŒUFS A LA MONTAYNARD

Faites cuire des œufs mollets, six minutes ; coupez-les en deux ; posez-les dans un plat, que vous aurez bien beurré, sur une couche de riz au gras ; saupoudrez les œufs de parmesan râpé et versez-y du beurre fondu ; faites cuire deux minutes dans le four et servez.

REMARQUE. — Le riz que vous ferez cuire au jus doit être bien chaud au moment de le placer sur le plat.

ŒUFS A LA COQUE POUR LES ENFANTS

Faites cuire, trois minutes et demie, autant d'œufs que vous avez de petits convives ; placez chaque œuf sur un coquetier de couleur différente ; vous emploierez, pour fabriquer les coquetiers, la carotte, le navet, la betterave, etc., etc. Garnissez le tour du plat de petits bâtons ronds de dix centimètres coupés dans du pain rassis et frits au beurre.

Remarque. — J'ai tenu à donner cette préparation, malgré sa simplicité, parce qu'elle est pour les enfants la source de disputes récréatives, et pour les parents, spectateurs du débat, l'occasion d'un véritable amusement. La première fois que j'ai servi ce plat, c'était à Rome, chez M. le baron Baude; ambassadeur de France auprès du Saint-Siège. Comme il avait six enfants et qu'aucun d'eux n'était du même avis relativement à la couleur des coquetiers, que d'aucuns même convoitaient celui de leur voisin, la dispute éclata immédiatement et donna au déjeuner une animation extraordinairement plaisante.

ŒUFS A TOUS LES GOUTS

Prenez un plat allant au four, beurrez-le bien et posez dessus en forme d'étoile huit petites omelettes ; dans deux de ces omelettes vous aurez mis des épinards au beurre ; dans deux autres de la soubise ; dans deux autres encore des salpicons de truffes liés avec un peu de sauce brune ; et, enfin, dans les deux dernières, un salpicon de champignons. Glacez bien les omelettes ; saupoudrez de chapelure et de parmesan râpé mélangés ; faites-y tomber un peu de beurre fondu ; passez au four rien que pour faire chauffer et servez.

PAIN D'ŒUFS A LA PRINCESSE

Beurrez grossièrement un moule à charlotte de petites dimensions ; décorez-le au fond et aux parois avec des pointes d'asperges, cuites d'avance et bien séchées avec un linge ; prenez deux verres de sauce suprême ; ajoutez-y quatre œufs durs hachés fin, plus six jaunes d'œufs ; assaisonnez-bien ; remplissez le moule avec cet appareil et faites cuire au bain-marie trente minutes. Démoulez sur un plat rond ; garnissez autour de croûtons de pain frits ; vous poserez sur chaque croûton un œuf poché. Saucez avec une demi-glace et servez.

ŒUFS A LA ROTHSCHILD

Beurrez huit tasses en porcelaine ; placez au fond un rond de truffe crue, épais d'un demi-centimètre, et une cuillerée de sauce brune ainsi que deux jaunes d'œufs ; assaisonnez de sel, de poivre et de muscade et d'une cuillerée à bouche de truffes hachées fin ; saupoudrez de chapelure ; mettez un morceau de beurre frais au milieu ; mettez au four de trois à quatre minutes et servez.

ŒUFS A LA DON PEDRO

Beurrez une bordure unie d'une assez large dimension ; remplissez-la de riz au gras froid, auquel vous aurez joint 4 jaunes d'œufs. Creusez un trou dans le riz tout autour de la bordure et le plus profond possible ; remplissez le vide avec des œufs battus en omelette ; assaisonnez et ajoutez des fines herbes. Faites cuire au bain-marie 15 minutes. Démoulez et placez sur un plat de la même façon que sur le moule ; saucez avec une sauce tomate légère et servez.

Remarque. — Il faut prendre des précautions en démoulant et en plaçant sur le plat, parce que les œufs sont très soufflés.

TARTE D'ŒUFS A LA FINANCIÈRE

Beurrez un plat creux allant au four, placez-y 8 œufs durs coupés en deux ; répandez dessus des rognons et des crêtes de chapons ainsi que du foie de jeune poulet, le tout cuit d'avance ; puis, ajoutez un demi-verre de bon jus ; couvrez le tout avec du riz à la milanaise, puis, avec une abaisse de feuilletage collée avec de l'œuf battu, de l'épaisseur d'un demi-centimètre ; mettez au four pendant 20 minutes et servez bien chaud.

SALADE D'ŒUFS A LA DIABOLIQUE

Nettoyez et faites cuire d'avance ce qui suit : artichauts, choux-fleurs, haricots verts, céleri, petits pois, pointes d'asperges ; ajoutez des câpres, du cornichon coupé en julienne ; hachez des fines herbes avec beaucoup d'échalotes ; mettez dans une petite terrine ; ajoutez une bonne cuillerée de moutarde anglaise et une de moutarde à l'estragon, de bonne huile d'olive, du vinaigre, un peu de poivre de Cayenne ; mélangez bien cet appareil et versez-le sur vos légumes. Décorez le saladier de têtes de laitues bien blanches, de petites courges cuites à l'eau salée et d'œufs en quantité, cuits mollets pendant sept minutes, et servez.

ŒUFS CUIRASSÉS

Faites cuire 8 œufs pendant 5 minutes et demie ; épluchez-les avant qu'ils soient froids ; enveloppez-les dans des abaisses de feuilletage de l'épaisseur d'un demi-centimètre au moins ; collez la pâte avec de l'œuf battu ; passez au four pendant 6 minutes et servez bien vite sur une assiette.

Servez à part une sauce béarnaise.

Remarque. — On peut les servir sans sauce.

ŒUFS A ROSPIGLIOSI

Faites 8 petites bouchées ovales dans chacune desquelles puisse entrer un œuf ; une fois les bouchées cuites et bien vidées, placez-y les œufs mollets ; recouvrez avec une sauce brune contenant moitié de son volume d'une purée de foie gras ou de foie de volaille et un peu de julienne de truffes. Servez bien chaud.

ŒUFS A L'INDIENNE

Faites une pyramide, au milieu d'un plat rond, avec du riz au gras bien ferme ; garnissez le tour du riz avec des darioles que vous ferez avec une crème de jaunes d'œufs et du bouillon blanc et que vous pocherez au bain-marie, comme on fait pour le potage à la royale ; saucez avec une demi-glace où vous aurez ajouté un salpicon de blanc de poulet et de champignons.

ŒUFS A LA RUSSE (2e MÉTHODE)

Beurrez une bordure cannelée ; remplissez-la avec l'appareil suivant : 4 œufs, 4 jaunes et un verre de sauce tomate bien réduite et assaisonnée ; faites pocher de 10 à 12 minutes. Démoulez sur un plat rond ; remplissez le vide de la bordure avec du vésiga (1) bien cuit, mélangé avec moitié de son volume d'oignons coupés en dés et braisés ; liez avec une demi-glace et servez vite.

ŒUFS EN TONNEAUX

Faites durcir 8 œufs, rafraîchissez-les, ôtez la coquille ; videz-les le plus possible avec un petit couteau ou une petite cuiller à légumes et placez-les sur de la glace pilée. Remplissez-les avec de l'aspic mélangé de truffes hachées très fin ; une fois l'aspic pris, placez vos œufs en couronne sur un plat où vous aurez déjà fait prendre de l'aspic.. Garnissez le milieu du plat avec un petit ragoût de champignons et mélangez avec une sauce suprême en chaud-froid, placez sur chaque œuf un petit bout de carotte en forme de robinet.

Croûtonnez le plat d'aspic.

ŒUFS TORPILLES

Videz les œufs, comme il est dit à l'article précédent ; puis, remplissez avec une purée de vo-

(1) Nerf de l'épine dorsale de l'esturgeon.

laille mélangée avec une jardinière de légumes ; ajoutez un peu d'aspic, faites prendre sur glace. Placez un légumier sur de la glace pilée, versez dans le légumier de l'aspic à la hauteur d'un centimètre ; posez vos œufs en couronne dans le légumier ; recouvrez-les une fois pris avec de l'aspic ; garnissez le milieu avec une macédoine de légumes et un peu de mayonnaise bien épaisse.

ŒUFS A LA BOTANIQUE

Posez 8 fonds d'artichauts sur un plat d'entrée où vous aurez fait prendre d'avance de l'aspic bien clair. Posez sur chaque artichaut un œuf cuit en sept minutes ; garnissez le tour des œufs avec des carottes et des navets, coupés avec la cuiller à légumes de la grosseur d'un gros petit pois ; mettez au milieu du plat une jardinière de légumes à la mayonnaise ravigote. Croûtonnez le plat d'aspic et servez.

Piquez sur chaque œuf une petite branche d'estragon cru.

CANARDS D'ŒUFS

Posez sur un plat rond une bordure de nouilles

de bon goût ; posez ensuite sur cette bordure 8 œufs à chacun desquels vous enlevez un morceau de blanc en longueur, quand ils sont bien chauds, et, à l'aide d'un couteau, videz-les le plus possible. Remplissez-les alors avec un salpicon composé de truffes, de langues et de champignons, le tout lié avec de la sauce brune bien réduite. Préparez d'avance, avec du navet, 8 petites têtes représentant chacune la tête d'un canard, ainsi que 8 queues. Posez les têtes dans la partie de l'œuf tournée vers l'extérieur et les queues dans la partie opposée. Garnissez le milieu du plat avec un bon ragoût financière ; saucez d'une demi-glace et servez.

ŒUFS AUX CROISSANTS

Coupez cinq croissants en deux ; retirez-en la mie et remplissez le vide avec l'appareil suivant : 2 anchois bien dessalés et 8 jaunes d'œufs durs, le tout pilé au mortier et arrosé d'une cuillerée à bouche de fines herbes bien hachées, mélangées avec deux de moutarde à la ravigote. Garnissez avec quelques cornichons, dressez sur un plat avec une serviette et servez.

BASTION AUX ŒUFS

Mettez dans une casserole un demi-litre d'aspic fondu ; mélangez avec 6 œufs durs hachés fin et 1 truffe épluchée et hachée. Décorez un moule à pain de foie avec une rondelle d'œufs durs, coupés en travers et que vous ferez prendre avec l'aspic sur la glace; versez dedans l'appareil mi-pris que vous avez préparé ; mettez à la glace une demi-heure avant de servir ; démoulez sur un plat rond; garnissez le tour du plat avec 6 œufs entiers, et 6 petites truffes glacées; mettez sur le haut du moule 6 moitiés d'œufs durs et, entre chaque œuf, placez un petit canon fait avec des truffes et posé sur un croûton d'aspic. Garnissez le tour du plat d'aspic et servez.

TORTUE D'ŒUFS

Faites une bonne mayonnaise tartare ; ajoutez-y une macédoine de légumes bien cuits et bien séchés et une certaine quantité de thon à l'huile en dés, mélangez bien le tout ; versez la moitié de la préparation dans un plat ovale; étalez le tout avec un couteau, de façon à couvrir tout le plat ; arrangez au milieu 8 jaunes d'œufs durs ; puis, recouvrez avec l'autre moitié de l'appareil, toujours avec votre couteau, et donnez la forme d'une tortue. Faites les yeux avec un petit blanc d'œuf et un petit rond de truffe; formez l'écaille avec de la betterave, imitez les pattes avec des cornichons; décorez le tour du plat avec des olives farcies au beurre d'anchois, des cornichons, des œufs durs et des câpres. Servez.

ŒUFS A L'AMÉRICAINE

Préparez un verre de mayonnaise bien ferme ; ajoutez-y un demi-verre de sauce tomate très froide, ainsi que 4 anchois dessalés et coupés en petits dés. Prenez un plat; versez-y une couche de mayonnaise ainsi qu'une couche d'œufs durs en lames ; montez votre plat en dôme en finissant par la mayonnaise, de façon à couvrir complètement les œufs, et garnissez le tour avec des bouquets d'huîtres et de crevettes ainsi que des olives désossées. Assaisonnez le tout avec huile, vinaigre, sel, poivre et fines herbes. Placez sur le haut du dôme une petite pyramide d'olives et servez.

ŒUFS A LA JÉSUITE

Versez sur un légumier de l'aspic mi-pris, mélangé avec des truffes en lames ; mettez sur glace. Quand l'aspic commence à prendre, garnissez le légumier avec 8 œufs durs, de façon que la moitié de chaque œuf reste submergée et que l'autre soit hors de l'aspic. Faites prendre et servez. (On peut mettre sur chaque œuf un anneau de truffe.)

POULE AUX ŒUFS

Pilez au mortier 8 anchois bien dessalés et un kilo de beurre frais ; ajoutez fines herbes, beaucoup d'échalotes, des câpres et des cornichons hachés très fin, 3 cuillerées à bouche de moutarde anglaise ; assaisonnez juste. Mélangez bien le tout et divisez l'appareil en deux parties ; mettez-en une dans un plat ovale ; à l'aide d'une petite palette en bois, formez la moitié de la poule couchée ; videz le milieu complètement ; remplissez le vide avec des jaunes d'œufs durs; recouvrez ensuite les œufs avec le reste de l'appareil et donnez lui, avec la petite palette, la forme d'une poule. Il est très facile de former la poule jusqu'à la queue; mais pour former le cou et le bec, il vaudra mieux placer le beurre et l'appareil voulus dans un linge très propre et humecté; on collera ensuite sur la poule. Garnissez le tour de la poule avec des œufs durs et du persil frais. Si c'est l'été, mettez le beurre dans la glace deux heures avant l'opération.

CHAUD-FROID D'ŒUFS A LA SALISBURY

Préparez un demi-litre de mayonnaise que vous mêlerez avec 4 cuillerées de jus de piccalilli ainsi que 4 cuillerées à bouche de légumes dits piccalilli, très finement hachés; mettez l'appareil sur glace, mélangez-y un verre et demi d'aspic bien ferme. Versez sur un moule à pain de foie et laissez une heure à la glace. Démoulez sur un plat rond; garnissez le milieu du plat d'une salade de homard, avec 8 jaunes d'œufs durs, et le tour du plat d'œufs coupés en deux, dont vous aurez retiré le jaune que vous remplacerez avec un peu de l'appareil du chaud-froid.

ŒUFS A LA ROMAINE

Mettez dans une petite casserole 100 gr. de beurre frais et 100 gr. de poitrine de porc bien dessalée et coupée en petits dés; mettez sur le feu pour donner une couleur jaunâtre; ajoutez 8 œufs battus en omelette; faites cuire comme des œufs brouillés, assaisonnez et mélangez-y un quart de petits pois cuits d'avance. Versez sur un légumier, garnissez de croûtons de pain frits. Servez.

ŒUFS A LA PORTUGAISE

Placez sur un plat rond allant au feu, que vous avez bien beurré d'avance, 8 tranches de pain rôti. D'un autre côté, battez 8 œufs comme pour une omelette; ajoutez sel, poivre, un quart de jambon cuit bien maigre et coupé en dés. Versez l'appareil dans le plat; mettez au four pas trop chaud; il faut de dix à douze minutes de cuisson. Si l'on soigne bien ce mets, il a l'air très appétissant, car il monte comme un soufflé.

ŒUFS DES MUSICIENS

Prenez 8 crépinettes, toutes préparées chez le charcutier ; aplatissez-les de façon qu'elles deviennent moitié plus longues ; piquez-les avec la pointe d'un couteau ; mettez sur un plat à four avec un peu de beurre ; faites-les cuire des deux côtés ; saupoudrez-les de champignons hachés très fin et cuits d'avance ; battez 8 œufs en omelette ; versez sur les crépinettes ; faites cuire au four comme pour les œufs à la portugaise et assez vite.

ŒUFS A LA POLONAISE

Préparez une bonne purée de lentilles ; versez-en la moitié sur un plat rond allant au four ; faites un vide au milieu, arrangez-y 8 œufs mollets ; recouvrez avec le reste de la purée et, avec un couteau, lissez bien en donnant la forme d'un dôme. Avec un cornet de papier et un peu de la même purée, décorez à plaisir ; saupoudrez de parmesan râpé et versez un peu de beurre fondu. Mettez trois ou quatre minutes dans un four vif. La purée et les œufs doivent être bien chauds et être faits très vivement.

ŒUFS A LA MILITAIRE

Coupez par tranches 8 œufs durs, placez-les sur un plat qui puisse aller au four. Les œufs doivent être bien bouillants au moment où vous les coupez. Couvrez-les avec une sauce tomate bien assaisonnée, où vous mélangez une certaine quantité de petits croûtons de pain carrés frits au beurre. Servez bien chaud.

ŒUFS A LA GARIBALDI

Posez sur un plat rond 8 croustades de pain, assez grosses pour contenir un œuf poché dans le milieu. Glacez-les bien avec le pinceau et posez sur chacune un œuf poché. Mettez dans une bonne sauce tomate 4 cuillerées à bouche de queues de crevettes ou de homard coupé en dés. Saucez les œufs et servez bien chaud.

OMELETTE A LA PIÉMONTAISE

Préparez un riz au gras de bon goût ; versez-le en pyramide sur un plat ; garnissez-le de 8 petites omelettes au jambon bien roulées. Servez très chaud avec sauce tomate dans une saucière.

ŒUFS A LA FRANÇAISE

Préparez un verre d'oseille passée au tamis et liez avec un demi-verre de sauce quelconque; assaisonnez et mélangez-y un œuf entier et quatre jaunes. Versez dans une bordure bien beurrée; faites cuire 20 minutes au bain-marie; démoulez la bordure dans un plat rond; garnissez le milieu avec 8 œufs pochés et cuits un peu plus que d'habitude. Saucez avec une sauce brune et servez.

ŒUFS A LA RIVOLI

Faites une bouillie de farine de maïs au bouillon; faites-la bien cuire; assaisonnez bien; mettez-y un morceau de beurre et du fromage râpé. Prenez un moule à charlotte que vous aurez bien beurré d'avance. Versez-y votre bouillie. Mettez-le de côté, pas trop au chaud.

Faites cuire 8 œufs mollets; démoulez votre bouillie sur un plat rond; garnissez-la autour avec vos œufs ainsi qu'avec quelques saucisses chipolatas grillées. Glacez le tout et servez avec une sauce tomate à part dans une saucière.

OMELETTE DES BRASSEURS

Mettez dans une casserole 100 gr. de beurre et 100 gr. de jambon cru coupé en petits dés ; faites cuire trois minutes, doucement ; laissez refroidir. Ajoutez 8 œufs ainsi que deux cuillerées de câpres et de cornichons coupés en dés et bien séchés de leur vinaigre. Formez avec cet appareil deux omelettes. Posez sur un plat et servez.

ŒUFS A LA RAVIGOTE

Hachez très fin 8 œufs durs ; versez dans une terrine vernissée ; ajoutez-y des fines herbes composées de persil, de cerfeuil, d'estragon et de basilic, beaucoup d'échalotes blanchies, du sel, du poivre, de l'huile et du vinaigre, en proportion convenable, et deux cuillerées à bouche de moutarde à la ravigote. Mélangez bien le tout ; versez sur un plat et, à l'aide d'un couteau, donnez la forme d'un dôme. Garnissez-le tout de choux-fleurs en salade, d'anchois dessalés et d'olives désossées. Servez.

ŒUFS A LA NAPOLITAINE

Coupez 4 grosses tomates en deux; retirez-en les pépins; posez-les sur une plaque; mettez dans chacune sel, poivre et quelques gouttes d'huile. Placez-les au four; quand elles sont presque cuites, retirez-les; cassez ensuite sur chacune un œuf bien frais; salez et poivrez; remettez au four bien chaud; quand les œufs sont presque cuits, retirez-les, un à un, et placez-les sur un plat rond très chaud; faites tomber quelques gouttes de jus de citron sur chaque œuf et servez.

ŒUFS A LA MANIÈRE DE LUCERNE

Battez 6 œufs comme pour une omelette; ajoutez quatre œufs durs coupés en tranches; assaisonnez avec sel et poivre. Versez environ un quart de l'appareil sur un plat bien beurré allant au four; saupoudrez de parmesan râpé et de deux cuillerées à bouche de champignons cuits d'avance; continuez ainsi par couche jusqu'à la fin de l'appareil; saupoudrez la dernière couche de chapelure et versez un peu de beurre fondu. Mettez au four et faites cuire dix minutes.

On reconnaît la fin de la cuisson quand l'appareil est monté dans toute la largeur du plat.

ŒUFS EN PAUPIETTES

Faites frire deux échalotes hachées très fin dans une casserole avec du beurre ; ajoutez deux cuillerées de fines herbes ; retirez du feu.

Cassez dedans 8 œufs frais ; ajoutez 100 gr. de beurre par petits morceaux, du sel, du poivre et de la noix muscade râpée ; battez bien ensemble ; remettez sur le feu et formez des œufs brouillés bien cuits.

Laissez bien refroidir ; séparez en douze parties égales. Donnez-leur la forme ronde basse ; panez deux fois ; faites frire au moment de servir. Dressez en couronne sur un plat rond. Garnissez le milieu du plat avec une purée d'artichauts ; glacez et servez. On peut supprimer la purée d'artichauts.

ŒUFS A LA BÉNÉDICTINE

Épluchez 6 grosses pommes de terre et mettez-les cuire comme une purée. Quand elles sont presque cuites, égoutez-les, ajoutez-y 400 gr. de chair de morue dessalée et bien propre ; goûtez le tout ; pilez au mortier ; ajoutez un quart de verre de crème double et 100 gr. de beurre frais. Remettez dans la casserole pour faire chauffer au bain-marie. Dressez en pyramide sur un plat rond. Garnissez d'œufs pochés ; autour et entre chaque œuf un croûton de pain frit ; saucez le tout avec du beurre fondu et assaisonnez.

ŒUFS A LA HORLY

Panez 8 filets de merlans ; faites cuire 8 œufs frits ; dressez sur un plat rond (un œuf et un filet ensemble). Garnissez le milieu du plat avec des petits bouquets de choux-fleurs frits ; servez bien chaud, avec une sauce tomate à part dans une saucière. La friture doit être dressée sur plat avec serviette. Les choux-fleurs touchent à la pâte à frire.

ŒUFS A LA MODE DE BADE

Épluchez et videz deux gros concombres ; divisez-les chacun en quatre parties ; faites-les blanchir à l'eau salée et égouttez bien sur un linge. Farcissez-les avec un peu de viande très finement hachée, mêlée avec un peu de mie de pain trempée dans du lait chaud et bien séchée ; ajoutez 2 jaunes d'œufs, sel, poivre et noix muscade. Une fois les concombres farcis, faites-les braiser dans un plat à sauter, avec du bon jus, et dressez sur un plat rond ; posez sur chacun un jaune d'œuf dur ; versez au milieu du plat un petit ragoût de champignons ; saucez avec de la sauce brune et servez.

OMELETTE A LA PRINTANIÈRE

Battez 8 œufs pour omelette ; formez-en 8 petites omelettes au lard. Dressez en couronne sur un plat rond ; garnissez le milieu du plat de choux-fleurs, d'artichauts, d'asperges, de petits pois et de haricots verts, le tout cuit séparément comme d'habitude ; faites sauter au beurre avec des fines herbes ; glacez le tout et servez.

ŒUFS A LA CAMBACÉRÈS

Nettoyez et coupez 8 tranches de deux centimètres de hauteur dans un morceau d'esturgeon ;

faites sauter au beurre et finissez de cuire avec un peu de madère. Dressez en couronne sur un plat rond ; emplissez le milieu du plat avec des œufs brouillés aux queues de crevettes. Saucez avec un peu de sauce blanche, que vous mêlez à la cuisson de l'esturgeon.

ŒUFS A LA COURBET

Mettez dans une casserole du beurre et des oignons hachés ; faites-les frire couleur noisette ; ajoutez par petits morceaux les deux filets d'une anguille ; assaisonnez avec sel, poivre et noix muscade ; ajoutez un demi-verre de béchamel bien épaisse ; pilez le tout dans un mortier ; passez au tamis et faites chauffer au bain-marie. Préparez 8 croustades de pain assez profondes et dressez au milieu de chacune un œuf mollet cuit en 5 minutes 1/2. Versez dans le milieu du plat la purée d'anguille bien chaude ; saucez avec une demi-glace et servez.

ŒUFS AU FUMET DE PERDREAU

Faites votre fumet avec un perdreau ou des débris de perdreaux, du jambon, des légumes, des aromates et du madère; mouillez avec de bon bouillon. Posez 8 croûtons de pain frits dans un plat; posez sur chacun un œuf poché, versez dessus votre fumet passé et bien dégraissé.

COTELETTES D'ŒUFS

Faites 8 œufs brouillés bien cuits, avec une truffe et un peu de langue, le tout bien haché. Laissez bien refroidir; formez avec cet appareil 12 côtelettes; panez deux fois; mettez au bout de chaque côtelette un petit manche fait avec des queues de persil. Faites frire un moment et dressez en couronne sur un plat rond; garnissez le milieu du plat avec un ragoût de cèpes. Saucez avec une sauce brune.

OMELETTE A LA MADGYAR

Faites une omelette de 8 œufs; coupez-la en huit tranches; dressez-la en couronne dans un plat rond; garnissez le milieu du plat avec un petit ragoût de veau aux petits pois.

VOL-AU-VENT D'ŒUFS A LA SULLY

Faites un vol-au-vent ; remplissez-le par couches d'une purée de champignons et d'œufs brouillés et, à chaque couche, ajoutez un peu de sauce tomate ; saupoudrez de fromage râpé.

PETITE CHARLOTTE D'ŒUFS

Garnissez des petites darioles beurrées de petits croûtons de pain frits ; cassez dans chaque dariole un œuf frais ; peu de sel et de poivre ; posez-les sur une plaque pour les mettre au four quatre minutes. Démoulez vos petites darioles sur un plat rond ; versez dessus un peu de beurre fondu ; salez et poivrez.

ŒUFS A LA POMPADOUR

Faites frire 8 œufs ; laissez-les refroidir ; touchez-les à l'œuf battu et à la mie de pain. Au moment de servir, jetez-les quatre ou cinq secondes dans de la friture bien chaude; dressez-les en couronne sur un plat et mettez entre chaque œuf une crépinette aux truffes. Saucez avec une demi-glace.

ŒUFS A LA DIVAN

Battez 6 œufs avec un verre de crème double ; mêlez-y de petits champignons; faites cuire en œufs brouillés en ajoutant du beurre; versez sur un plat; garnissez avec des œufs mollets et mettez entre chaque œuf une crête de pain frit. Glacez et servez.

ŒUFS BROUILLÉS A LA MARQUISE

Prenez 8 œufs brouillés; mélangez-y du ris de veau braisé et coupé en petits dés; versez dans un légumier; garnissez de croûtons de pains frits à la moelle, exactement comme pour les cardons.

ŒUFS AUX MILLE FEUILLES

Faites cuire 8 abaisses de feuilletage de la hauteur d'un demi-centimètre et de trente centimètres de circonférence. Au moment de servir, vous aurez préparé des œufs brouillés avec un salpicon de truffes. Mettez sur votre plat une couche de vos œufs, puis une abaisse et continuez de même en finissant par une couche de feuilletage. Servez à part dans une saucière une sauce brune avec quelques petites truffes ; vous pouvez garnir le tour du mille-feuilles avec des petits champignons tournés.

BUISSON D'ŒUFS

Faites cuire 16 œufs pendant 7 minutes dans l'eau ; ôtez-en les coquilles et videz-les en faisant un trou dans un des bouts de l'œuf ; remplissez-les avec des queues de crevettes ou du homard coupé en dés ; mélangez dans une sauce tartare bien épaisse. Dressez sur un plat rond en commençant par 7 œufs et continuant par 5, 3 et 1. Hachez bien fin les débris des œufs que vous mélangez avec de l'aspic, et garnissez-en le tour des œufs en entremêlant quelques petites truffes ; placez aussi une truffe au bout du dernier œuf, celui du milieu.

SAUCISSON D'ŒUFS

Préparez 8 œufs brouillés cuits à moitié ; ajoutez-y 100 grammes de truffes coupées par petits dés et 100 grammes de jambon cuit ; laissez refroidir ; mélangez avec 8 jaunes d'œufs ; sel, poivre et noix muscade ; remplissez avec cet appareil un boyau à saucisson bien propre ; attachez les bouts du saucisson en laissant vides 3 ou 4 centimètres de boyau à chaque bout. Enveloppez-le d'un linge propre, faites-le cuire à l'eau salée pendant 20 minutes ; puis déballez et servez sur un lit d'épinards au beurre. Servez à part une sauce brune dans une saucière.

Remarque. — On peut servir le reste du saucisson froid et, avec le même appareil, on peut faire des saucisses avec un boyau à saucisses.

FILETS D'ŒUFS A LA PARISIENNE

Mélangez dans un verre de béchamel bien épaisse 6 œufs durs finement hachés et 4 ou 5 foies de poulet sautés au beurre et coupés en dés.

Formez 10 petites côtelettes avec cet appareil; panez une fois en les touchant dans de l'œuf battu. Faites frire au moment de servir ; dressez en couronne sur un plat rond ; garnissez le milieu avec une macédoine de petits légumes, glacez les filets et servez une sauce Colbert à part dans une saucière.

ŒUFS A LA VÉNITIENNE

Faites sauter au beurre une livre de foie de veau avec beaucoup de fines herbes, du sel, du poivre, de la noix muscade et un peu de quatre épices ; pilez au mortier en y mêlant un demi-verre de sauce tomate ; passez au tamis et mettez dans une casserole pour chauffer un moment ; dressez en pyramide dans un plat rond ; garnissez le tour avec 8 œufs frits et posez un croûton de pain frit entre chaque œuf. Saucez avec une demi-glace et servez.

PAIN D'ŒUFS A LA PRINTANIÈRE

Faites cuire à moitié 8 œufs brouillés ; mélangez-y un demi-verre de sauce veloutée ; laissez refroidir. Ajoutez-y 3 œufs entiers, 2 cuillerées de petits pois, 3 de pointes d'asperges et 2 de champignons coupés en dés, le tout cuit d'avance; assaisonnez en proportion ; versez sur un moule à pain de foie bien beurré ; faites pocher au bain-marie pendant 20 minutes. Démoulez sur un plat rond ; garnissez le tour de petits bouquets de carottes, de choux-fleurs et de petits oignons; glacez le tout. Servez une sauce veloutée dans une saucière.

ŒUFS A LA PENSÉE

Beurrez grossièrement 8 petites darioles. Formez au fond des darioles une étoile avec des truffes en lames. Parsemez avec un peu de fines herbes blanchies, un peu de sel et un peu de poivre. Cassez un œuf frais dans chaque dariole ; faites pocher au bain-marie comme pour les œufs à la Polignac. Démoulez et dressez sur un plat rond. Vous garnirez le milieu du plat avec de la cervelle de veau panée, frite et coupée en petits dés de 2 centimètres. Saucez le tout avec une sauce maître-d'hôtel.

ŒUFS EN GALANTINE

Faites 2 verres de béchamel très épaisse ; mélangez-y 8 œufs durs hachés bien fin ; laissez refroidir ; ajoutez 8 jaunes d'œufs, 100 grammes de truffes coupées en dés d'un centimètre, 100 gr. de jambon cuit et maigre coupé comme les truffes, 50 grammes de pistaches entières, une cuillerée de bonne moutarde anglaise, sel, poivre, noix muscade et quatre épices ; beurrez grossièrement un linge bien propre ; versez-y l'appareil et attachez comme une galantine. Faites cuire dans l'eau salée pendant une heure avec beaucoup de légumes et d'aromates ; retirez de la cuisson. Si c'est pour servir chaud, vous mettrez sous presse cinq minutes et vous déballerez ; vous poserez sur un plat ovale garni avec un petit ragoût de champignons mêlés de quelques ris de veau. Glacez cette galantine. Servez dans une saucière une sauce Colbert. Froide, garnissez-la d'aspic.

PAINS D'ŒUFS AU NATUREL

Battez 8 œufs comme pour une omelette ; ajoutez sel, poivre et noix muscade ; beurrez grossièrement un moule à pain de foie ; versez-y l'appareil ; faites pocher de 15 à 20 minutes au bain-marie très doucement et sans laisser bouillir ; démoulez sur un plat rond. Garnissez avec des croûtons de pain frits ; saucez avec du beurre fondu ; salez, poivrez et mélangez de fines herbes.

ŒUFS A LA CARNOT

Prenez 8 gros champignons (les cèpes sont préférables) ; épluchez-les bien et videz-les le plus possible ; faites-les cuire dans un plat ; sautez avec du beurre, du sel, du poivre et très peu de bouillon. Versez un œuf frais sur chaque champignon ; faites cuire au four un moment ; remettez un peu de sel et de poivre, et dressez sur un plat rond, sur lequel vous aurez versé au préalable un litre de riz au gras.

JAUNES D'ŒUFS A LA ÉMILE BERNARD

Faites une salade de homard bien assaisonnée aux fines herbes ; versez-la dans un saladier ; garnissez-la avec 12 jaunes d'œufs et autant de cœurs de laitues assaisonnés d'avance.

Faites un bouquet au milieu du saladier avec du caviar frais de Russie.

ŒUFS A LA PÉRIGORD

Faites cuire 8 œufs sur un plat ; versez dessus 100 grammes de truffes coupées par lames très fines ; sautez au beurre ; au moment de les verser sur les œufs, ajoutez-y un peu de glace de viande ; servez aussitôt.

ŒUFS A LA NAPOLITAINE (2e MÉTHODE)

Mettez 100 grammes de beurre dans un plat à œufs ; faites cuire des deux côtés 8 tranches de fromage blanc de cinq centimètres de large sur un d'épaisseur ; une fois ces tranches bien cuites des deux côtés, cassez 8 œufs bien frais sans détériorer le jaune ; faites cuire au four bien à point ; ajoutez sel et poivre et servez.

ŒUFS EN SURPRISE

Faites 8 œufs pochés ; laissez bien refroidir ; touchez-les à l'œuf battu et panez une fois ; jetez-les dans de la friture bien chaude pendant quelques secondes ; égouttez-les avec précaution et dressez sur un lit de bon ragoût de cèpes ; glacez et servez.

CHARTREUSE D'ŒUFS

Beurrez grossièrement un moule à charlotte ; décorez le fond et les parois avec des petits carrés que vous ferez avec des truffes, de la langue et du jambon ; remplissez le moule avec des œufs brouillés, bien cuits et assaisonnés ; mélangez avec un petit ragoût de truffes bien égouttées. Saucez avec une demi-glace.

ŒUFS A L'ANGLAISE

Placez sur un plat rond 8 croûtons de pain frits ; sur ces croûtons 8 tranches de jambon cru et grillé des deux côtés ; posez sur chaque croûton un œuf frit ; saucez avec du beurre fondu ; assaisonnez d'un peu de sel et d'un peu de poivre de Cayenne.

ŒUFS AUX CHASSEURS

Se font comme les précédents, mais en remplaçant le beurre fondu par une sauce poivrade.

ŒUFS DE GUERRE

Remplissez une bordure grossièrement beurrée avec l'appareil suivant mélangé dans une terrine : un verre de sauce brune bien réduite, un verre de jardinière de légumes, sel, poivre, noix muscade et 3 œufs entiers ; faites pocher 20 minutes au bain-marie. Démoulez sur un plat rond et garnissez le milieu de jaunes d'œufs pochés à l'eau salée. Placez sur le haut de la bordure des petits canons que vous ferez, la moitié avec des truffes et l'autre moitié avec de la langue. Saucez avec une sauce brune. Glacez les petits canons.

ŒUFS A LA PAIX

Faites cuire du riz avec du bouillon blanc assez épais ; dressez-le en pyramide sur un plat rond ;

garnissez le tour du riz avec des œufs pochés et des petits bouquets de pointes d'asperges sautés au beurre ; faites un trou sur le haut de la pyramide et placez-y un petit bouquet de pointes d'asperges de 5 à 6 centimètres. Saucez avec du beurre fondu ; salez et poivrez.

ŒUFS A LA JEAN BOULLE

Faites sauter 6 rognons de mouton comme d'habitude et mélangez-y un petit ragoût de champignons. Posez 8 œufs durs coupés en deux sur un légumier ; versez vos rognons dessus et servez.

ŒUFS A LA CHINOISE

Coupez 6 œufs durs en 4 ; touchez chaque morceau dans de l'œuf battu ; panez une fois ; faites frire au moment de servir ; égouttez bien ; mettez dans une casserole au fond de laquelle se trouvera déjà un demi-verre de glace de viande fondue ; assaisonnez de sel, de poivre, de noix muscade et du jus d'un citron. Sautez le tout bien mélangé et servez dans un légumier bien chaud.

ŒUFS A LA PALMERSTON

Confectionnez un ragoût avec une queue de bœuf coupée par petits morceaux et blanchie d'avance; ajoutez quelques petits champignons. Servez sur un légumier et garnissez d'œufs mollets cuits en 6 minutes. On peut confectionner ce plat avec de la queue de veau.

PATÉS D'ŒUFS A LA ROUSSEL

Mettez la précédente préparation dans un plat à pâté ; recouvrez le tout avec de la pâte feuilletée ; décorez à plaisir ; dorez avec de l'œuf battu et mettez 10 minutes au four.

ŒUFS A LA PAUVRE HOMME

Faites cuire un litre de moules ; séparez-les de leurs coquilles ; faites une sauce à la poulette avec leur jus ; mettez dans cette sauce vos moules puis 8 jaunes d'œufs durs, et le blanc coupé en petits dés. Assaisonnez avec poivre et servez dans un légumier. Garnissez de croûtons rôtis.

ŒUFS A LA SAMARITAINE

Faites cuire 8 œufs brouillés ; ajoutez-y 200 grammes de foie de veau sauté, coupé en petits dés ; faites refroidir dans un moule à charlotte beurré ; démoulez ensuite l'appareil ; coupez-le par quartiers ; touchez-le dans la pâte à frire ; jetez dans de la friture bien bouillante ; dressez sur un plat avec serviette ; garnissez de persil frit et de demi-citron.

OMELETTE DES SECRÉTAIRES

Faites une omelette de 8 œufs, garnissez-en le milieu de riz au gras bien épais ; roulez votre omelette serrée et fermée hermétiquement ; renversez-la sur une plaque et laissez refroidir ; coupez-la ensuite par petites rondelles de 2 centimètres ; touchez à l'œuf battu et panez. Faites frire au moment de servir ; dressez sur un plat rond ; saucez avec une sauce Périgueux.

CARPE D'ŒUFS A LA CHRISTOPHE COLOMB

Faites dans une terrine une mayonnaise bien épaisse et bien assaisonnée ; ajoutez-y 10 œufs durs coupés très fin, 200 grammes de homard coupé aussi très fin et la valeur d'un demi-verre de beurre d'écrevisses ; étalez la moitié de cet appareil dans un plat ovale ; garnissez-le au milieu et dans toute la longueur de laitance cuite à l'eau salée et mélangez avec de la sauce tartare ; recouvrez ensuite avec le reste de l'appareil et, à l'aide d'un couteau de table, donnez la forme d'une carpe. Décorez avec de la betterave et garnissez avec des œufs durs et des écrevisses.

PAIN D'ŒUFS A LA MANIÈRE DE TOULOUSE

Faites frire dans une casserole 200 grammes de petits lards et 100 grammes de beurre ; cela fait, ajoutez une gousse d'ail hachée fin, des fines herbes, une cuillerée de farine et un verre de sauce tomate ; faites prendre sur le feu, puis ajoutez 6 œufs ; battez le tout ; remettez sur le feu ; faites prendre les œufs en les tournant toujours et retirez du feu. Laissez refroidir. Ajoutez 2 œufs entiers et 2 jaunes et mélangez bien. Versez l'appareil dans un moule à pain de foie ; faites pocher 20 minutes au bain-marie. Démoulez sur un plat et saucez avec une demi-glace.

TURBAN D'ŒUFS A LA DEMIDOFF

Faites cuire une livre de champignons en ragoût ; hachez-les très fin ; mélangez-les avec un verre de béchamel ; ajoutez-y 6 jaunes d'œufs. Versez cet appareil dans une bordure beurrée ; faites pocher un quart d'heure au bain-marie. Dressez sur le haut de la bordure 8 œufs mollets. Placez entre chaque œuf une belle crête de coq ; saucez avec une bonne sauce espagnole.

ŒUFS EN MOSAIQUE

Videz 8 œufs crus en leur faisant un petit trou à l'un des bouts ; lavez les coquilles à l'eau fraîche ; égouttez-les pour que l'intérieur soit bien sec; mettez-les un peu à la glace et versez dans une des coquilles un peu de beurre fondu pas trop chaud que vous verserez ensuite dans les autres coquilles jusqu'à la dernière; de cette façon, les coquilles seront beurrées sans épaisseur. Mettez-les dans un plat en les faisant tenir debout à l'aide de farine ou de gros sel. Faites la valeur d'un demi-verre de bouillie au gras avec de la farine, et, cette bouillie une fois refroidie, ajoutez-y 3 jaunes d'œufs et 2 cuillerées de jardinière. Remplissez les œufs ; bouchez les trous avec une pâte quelconque ; collée avec de l'œuf battu et mettez à l'eau bouillante (sans la laisser bouillir trop fort) ; faites cuire dix minutes ; mettez ensuite les œufs dans de l'eau fraîche, juste assez pour les éplucher ; remettez au chaud dans du bouillon. Dressez en pyramide sur un plat une bonne purée de choux-fleurs ; garnissez le tour de la purée avec vos œufs sans coquilles que vous posez chacun sur un puits d'amour fait avec du feuilletage ; garnissez la pyramide de la purée avec plusieurs petits légumes. Servez une sauce brune à part.

ŒUFS A LA SAINT-HUBERT

Dressez en pyramide, sur un plat rond, une

purée de gibier quelconque ; garnissez le tour de la purée avec des petites bouchées aux œufs brouillés ; mettez entre chaque bouchée un demi-œuf dur vidé et rempli de moelle.

TARTE D'ŒUFS A LA MONTEYNARD

Faites un bon petit ragoût avec 100 grammes de champignons ; mélangez-y 6 œufs durs coupés par tranches ; composez votre tarte avec du feuilletage ; faites cuire au four et servez.

ŒUFS A LA GOUNOD

Sur un plat, faites une couche de jardinière à la mayonnaise dans laquelle vous aurez mis assez de moutarde à la ravigote ; garnissez le tour du plat d'œufs cuits en sept minutes, et le milieu avec une salade de fonds d'artichauts dans laquelle vous aurez mélangé deux cuillerées à bouche de câpres ; on peut garnir les œufs à l'aide de petits dessins faits de betteraves et de cornichons.

TIMBALE D'ŒUFS A LA REINE

Faites cuire 8 œufs brouillés dans lesquels vous aurez mêlé un verre de sauce veloutée; passez au tamis de Venise ; assaisonnez. Ajoutez 6 jaunes d'œufs et un œuf entier; mettez cuire dans un moule à charlotte, au bain-marie pendant 40 minutes, sans laisser bouillir. Démoulez sur un plat rond ; arrosez avec du velouté où vous aurez mêlé un peu de poulet haché très fin.

SOUFFLÉ D'ŒUFS A LA CONSTANTIN

Beurrez un légumier à soufflés; posez-y 8 œufs mollets; versez dessus 2 verres de béchamel bien assaisonnée; mélangez avec 3 blancs d'œufs montés en neige bien ferme; un quart d'heure avant de servir, mettez au four.

ŒUFS A LA BIGARADE

Dressez sur un plat rond 8 œufs cuits à l'eau bouillante pendant 7 minutes; garnissez le milieu du plat avec des petits croûtons de pain frits au beurre, d'un centimètre de diamètre ; saucez avec une sauce brune dans laquelle vous aurez mis une cuillerée à bouche d'écorces de bigarade coupées en julienne et blanchies d'avance.

FLAN A LA DIVE

Garnissez la bordure de votre flan avec de la pâte à dresser; battez 6 œufs et ajoutez-y un demi-verre de crème double ; assaisonnez bien ; versez sur la pâte et faites cuire au four douze minutes.

RAVIOLES AUX ŒUFS

Etalez de la pâte à nouilles bien mince. Composez vos ravioles avec des œufs brouillés bien cuits et mettez beaucoup de parmesan râpé; donnez-leur la forme d'une grosse rissole; faites cuire 15 minutes à l'eau bouillante salée ; égouttez-bien ; versez sur un légumier ; saucez avec un bon jus épais ou du beurre fondu ; assaisonnez et servez du parmesan à part.

TIMBALE D'ŒUFS A LA MILANAISE

Foncez un moule à charlotte de pâte à brioche; masquez la pâte avec du papier beurré ; remplissez le vide avec de gros noyaux ou des haricots ; faites cuire au four 30 minutes. Videz ; retirez le papier ; remplissez votre timbale d'une couche de macaroni au jus et de fromage et d'une couche d'œufs pochés, cuits un peu plus que d'habitude ; la dernière couche sera faite d'œufs pochés ; saucez avec une sauce Périgueux.

On peut remplacer le macaroni par des ravioles.

PAIN D'ŒUFS A LA TOMATE

Préparez 2 verres de tomates très épaisses ; assaisonnez avec sel, poivre et muscade ; ajoutez 100 grammes de jambon cuit, coupé fin, 8 jaunes d'œufs ; mélangez le tout, et faites pocher 25 minutes dans un moule à pain de foie bien beurré ; démoulez dans un plat rond ; garnissez de tomates farcies à votre goût ; saucez avec une demi-glace.

ŒUFS A LA BONNE FEMME

Posez sur un plat à four beurré 8 croûtons de pain très peu grillés ; étalez sur les croûtons des champignons coupés très fin et sautés au beurre. Cassez 8 œufs sur les champignons sans détériorer le jaune ; mettez au four et servez de suite après avoir salé et poivré.

ŒUFS COSMOPOLITES

Faites revenir, dans une casserole avec du beurre, du jambon cuit et coupé en dés ; ajoutez 200 grammes de champignons hachés fin et 50 grammes de truffes en lames ; dressez en couronne sur un plat rond des œufs pochés et frits, que vous aurez panés une fois, en alternant : un œuf poché, un œuf frit et, ainsi de suite ; allongez la sauce d'un verre de sauce brune ; versez au milieu des œufs et servez.

ŒUFS AUX PETITS VOL-AU-VENT

Faites cuire au moment de servir 8 petits vol-au-vent bien secs, mais pas trop colorés; une fois vidés et quand ils sont bien chauds, cassez dans chacun un œuf frais; remettez au four et faites cuire très juste; salez, poivrez et servez de suite sur une serviette.

VOL-AU-VENT AUX ŒUFS

Faites un vol-au-vent pas trop haut pouvant contenir 8 œufs; cassez-y 8 œufs et préparez comme ci-dessus; ajoutez seulement 3 ou 4 cuillerées de sauce Périgueux.

SUPRÊME AUX ŒUFS

Mettez dans une terrine 1 demi-verre de sauce suprême; ajoutez-y 6 jaunes d'œufs, du sel, du poivre et de la noix muscade; mélangez le tout; faites pocher au bain-marie dans un moule uni et beurré; démoulez et coupez en forme de filets de volaille; dressez en couronne sur un plat; garnissez le milieu comme il vous convient: jardinière, petits pois, haricots verts ou ragoût de champignons ou de truffes; saucez avec une sauce suprême.

ŒUFS AUX ÉVÊQUES

Panez 8 tranches de cervelles de veau ; faites-les frire ; mettez-les sur un plat rond ; posez sur chaque tranche de cervelle une large lame de truffe, et sur celle-ci 1 œuf frit ; remplissez le milieu du plat d'une purée de champignons ; glacez bien le tout, et servez à part une sauce poivrade.

GRATIN D'ŒUFS A LA PALESTINE

Posez sur un plat à four beurré 6 œufs durs coupés par tranches et faites sauter avec beaucoup de fines herbes ; assaisonnez ; recouvrez avec une chicorée à la crème ; lissez bien avec un couteau ; saupoudrez de chapelure, et versez du beurre fondu ; mettez au four 15 minutes.

ŒUFS A LA CRÉCY

Faites une purée Crécy de la consistance d'une purée de pommes de terre ; dressez en pyramide au milieu d'un plat ; garnissez le tour de 8 œufs pochés dans des moules à darioles ; mettez entre chaque œuf une crête de pain frit ; glacez et servez.

ŒUFS A LA SAINT-GERMAIN

Se font comme les précédents, en remplaçant la Crécy par une purée de petits pois.

ŒUFS AU PACHA

Faites cuire une 1/2 livre de riz à la turque frit dans du beurre ; mouillez-le avec du bon jus et faites-le cuire dans une casserole ; versez-le sur un moule uni ; poussez-le bien dans le moule, puis versez-le sur le milieu d'un plat rond ; garnissez le tour de riz avec des œufs mollets que vous aurez panés et fait frire. Saucez avec une sauce tomate et servez.

OMELETTE A LA SOUBISE

Battez 8 œufs et formez-en 4 omelettes plates ; faites une couche de bonne soubise sur un plat ;

mettez une omelette dessus ; continuez de même en terminant avec une omelette. Glacez et garnissez de croûtons de pain frits.

ŒUFS A LA MOSCOVITE

Videz le plus possible 8 œufs durs ; remplissez-les d'un salpicon ainsi composé : un oignon blanc passé au beurre et 100 grammes de champignons cuits, 4 cuillerées de vésiga (nerf de l'épine dorsale de l'esturgeon) qu'on aura fait cuire d'avance et coupé en petits dés. Liez le tout avec une bonne sauce à la crème ; posez sur un plat où vous aurez fait un lit de la même sauce, garnissez de croûtons farcis au foie gras ou au foie de volaille.

ŒUFS AU MONT-D'OR

Faites une bonne béchamel ; versez-en la moitié sur un plat rond bien creux allant au four ; cassez-y 8 œufs frais et entiers ; recouvrez les œufs avec le reste de la béchamel ; saupoudrez avec du parmesan râpé, mêlé avec de la chapelure et un peu de beurre fondu ; mettez au four ; il faut près d'un quart d'heure dans un four modéré pour que les œufs soient saisis.

ŒUFS EN VERMICELLE

Pilez au mortier 8 œufs bien durs ; ajoutez-y un demi-verre de mayonnaise très épaisse ; assaisonnez ; passez avec un tamis en métal sur le plat où vous devez servir ; réunissez bien les vermicelles ; garnissez de bouquets d'huîtres, de queues de crevettes et de cœurs de laitues ; assaisonnez le tout en salade avec de fines herbes.

Remarque. — On peut servir ce plat chaud ; seulement il faut composer les vermicelles avec des œufs brouillés bien cuits et garnis avec des croûtons à la moelle.

BOUDINS D'ŒUFS

Faites une sauce blanche bien épaisse et ajoutez-y 4 œufs, 1 à la fois ; assaisonnez de sel, de poivre et de noix muscade, et ajoutez 3 cuillerées à bouche de petits croûtons de pain frits au beurre ; mélangez le tout. Versez dans un moule à bordure beurré ; faites pocher 20 minutes au bain-marie; démoulez sur un plat rond, et saucez avec une sauce Charron.

La sauce Charron se confectionne avec moitié de sauce béarnaise et moitié de sauce tomate sans farine.

PETITS PANIERS AUX ŒUFS BROUILLÉS

Taillez dans de la mie de pain 8 petits paniers de la grosseur d'une orange ; faites-les frire ; au moment de servir vous les viderez le plus possible ; remplissez les vides avec des œufs brouillés et mêlez-y quelques cuillerées de sauce Colbert. Servez bien chaud sur une serviette.

GAUFRETTES D'ŒUFS

Faites cuire 6 pommes de terre en robe de chambre ; épluchez-les grossièrement en ne prenant que le milieu que vous mettez dans une terrine; mélangez-y 50 grammes de beurre, sel, poivre, noix muscade, ainsi que 2 œufs entiers et 2 jaunes ; beurrez une grande plaque ; versez l'appareil dessus par ronds de 30 centimètres de diamètre et de l'épaisseur d'un demi-centimètre ; faites cuire au four bien chaud ; roulez comme des gaufrettes; dressez sur une serviette, et servez à part une sauce tomate ou une sauce maître d'hôtel.

OMELETTE A LA EMILE BERNARD

Battez 8 œufs ; faites-en 2 omelettes pas trop cuites ; posez la première sur un plat rond sans la rouler ; masquez-la avec un salpicon de homard lié avec de la sauce tomate réduite au madère ; ajoutez sel, poivre de Cayenne ; couvrez le homard avec la deuxième omelette que vous verserez sur un plat pour la glisser du côté qui n'est pas cuit afin que la partie qui a posé sur la poêle soit visible ; glacez et servez.

OMELETTE A LA DUBOIS

Composez deux omelettes comme à l'article précédent et faites de même en remplaçant le homard par des ris de veau ou d'agneau braisé.

OMELETTE DES CUISINIERS

Confectionnez comme aux articles précédents et remplacez les ris de veau par un ragoût de jarret de veau, où vous aurez mis du lard de poitrine et des champignons, garnissez de croûtons frits.

OMELETTE A LA JULES JANIN

Faites une omelette de 8 œufs ; quand elle sera à moitié cuite, versez dedans un petit verre de madère ; finissez de cuire, puis versez au milieu un petit ragoût de crêtes et de rognons de coqs avec une truffe coupée en dés ; versez l'omelette sur un plat sans la rouler, glacez-la bien et garnissez de croûtons de feuilletés.

CROUSTADES D'ŒUFS A LA BRILLAT-SAVARIN

Faites 8 petites croustades de riz pouvant contenir chacune un œuf; une fois frites et vidées, versez au fond une cuillerée de truffes hachées et crues ; cassez un œuf frais dans chaque croustade; faites saisir au four ; garnissez chaque croustade d'une truffe cuite au madère ; glacez et servez sur une serviette.

ŒUFS DE VANNEAU A LA LUCULLUS

Coupez en deux 4 grosses truffes bien propres ; videz-les le plus possible ; posez dans chacune, après l'avoir salée et poivrée, un œuf dur de vanneau ; recouvrez l'œuf complètement avec de la farce de volaille ; redonnez la forme d'une truffe, de façon que l'œuf se trouve complètement caché ; hachez bien fin les débris de truffes et saupoudrez-en la farce dans toutes ses parties, en appuyant avec un couteau pour que la truffe soit bien collée ; posez sur un plat où vous aurez mis 100 grammes de beurre et deux petits verres de madère ; couvrez votre plat ; faites cuire un quart d'heure doucement sans jamais le découvrir ; posez le tout sur un légumier après avoir ajouté un peu de glace de viande ; saucez bien et servez vite.

ŒUFS A LA MÉNAGÈRE

Faites une purée composée de choux et de céleri ; dressez-la en pyramide sur un plat ovale ; entourez avec des œufs frits ; saucez le tout avec une sauce maître d'hôtel et servez.

ŒUFS A LA ROSSINI

Coupez en julienne un chou frisé ; blanchissez-le, égouttez-le bien, faites-le braiser avec de bon jus ; mêlez-le avec 1/2 livre de riz cuit au gras, assaisonnez-le de sel, de poivre, de noix muscade et d'un peu de safran. Faites un lit sur un plat rond avec cet appareil. Garnissez le dessus d'œufs pochés ; saucez avec une demi-glace.

ŒUFS A LA PARMENTIER

Faites 6 grosses pommes de terre à la crème, c'est-à-dire cuites et coupées en lames très fines ; versez-les sur un plat et garnissez-les avec 8 petites omelettes au lard et servez.

ŒUFS A LA CARDINAL

Faites 8 croustades de nouilles ; une fois bien vidées, remplissez-les avec des œufs brouillés très peu cuits où vous aurez mélangé de gros dés de truffes et même quantité de poulet rôti coupé en dés. Servez sur une serviette et couvrez chaque croustade d'un champignon.

ŒUFS A LA FREYCINET

Faites prendre dans une bordure une jardinière aux légumes, mélangée avec une mayonnaise à la ravigote et avec la dose voulue d'aspic. Démoulez la bordure sur un plat rond ; décorez le haut de la bordure d'œufs durs façonnés en obus. Garnissez le milieu d'olives farcies au beurre d'anchois. Servez séparément mayonnaise à la tartare.

TIMBALE D'ŒUFS A LA MAC-MAHON

Faites cuire du riz au gras bien épais ; finissez-le avec du beurre et du fromage râpé ; versez-le dans un moule à charlotte bien beurré ; pressez-le bien ; laissez-le reposer deux minutes ; videz-le au milieu de la timbale ; placez au milieu 8 œufs durs de vanneau ; recouvrez la timbale avec le riz qui reste ; démoulez sur un plat rond avec précaution ; saucez avec une sauce Périgueux. Servez le reste dans une saucière.

TIMBALE A LA RICHELIEU

Elle se fait de la même manière que la précédente en remplaçant le riz par des nouilles.

TIMBALE A LA MAZARIN

Faites cuire du macaroni à l'eau salée comme d'habitude et coupé à 2 centimètres de long ; égouttez bien ; assaisonnez avec une sauce espagnole très réduite ; mélangez-y quelques truffes ainsi que des champignons et de la langue ; versez le tout sur une croustade de pâte foncée que vous aurez préparée d'avance. Garnissez le tour de la croustade d'œufs frits. Glacez le tout et servez une demi-glace à part.

ŒUFS BROUILLÉS A LA MÉDICIS

Faites 8 œufs brouillés ; quand ils sont presque cuits, ajoutez-y quelques lames de truffe ; versez-les sur un plat rond en forme de bordure ; versez au milieu du plat des ravioles au jus et au fromage ; garnissez de croûtons de pain frits.

ŒUFS A LA CARÊME

Faites un petit ragoût de truffes lié avec de la bonne sauce espagnole ; versez sur un légumier d'argent ; placez dessus des œufs durs de vanneau et servez vite.

TIMBALE D'ŒUFS A LA SAINT-HUBERT

Foncez un moule à timbale avec de la pâte à brioche ; faites-la cuire au four en la remplissant de noyaux ou de haricots secs, après avoir masqué la pâte de papier beurré ; une fois cuite, videz-la proprement et remplissez d'une couche d'escalopes de filets de lièvre sautés au beurre et liez avec une bonne sauce espagnole au madère ; entremêlez les couches de filets de lièvre avec des moitiés d'œufs durs ; décorez le dessus de la timbale avec quelques jaunes d'œufs durs. Glacez et servez.

APPENDICE

SUCRE RUSSE POUR LE POISSON FROID

Pilez dans un petit mortier 8 jaunes d'œufs durs et 4 anchois dessalés et bien nettoyés ; ajoutez une cuillerée à bouche de bonne moutarde ainsi que 2 jaunes d'œufs crus, de l'huile et du vinaigre en quantité voulue, en tournant comme pour la mayonnaise avec un fouet ; assaisonnez juste ; mélangez 4 cuillerées à bouche de bon caviar frais et 2 cuillerées à bouche de saumon fumé coupés en dés. On peut servir cette sauce pour tout poisson froid. Faire bien attention que le caviar ne soit pas trop salé.

SAUCE RUSSE POUR LE POISSON CHAUD

Passez au beurre deux échalotes hachées très fin sans leur faire prendre couleur ; ajoutez 100 grammes de champignons bien épluchés et bien blancs, et pour la cuisson un demi-verre de vin blanc ; égouttez bien le beurre ; faites réduire à point 2 verres de sauce suprême ; passez à l'étamine dans un bain-marie ; mélangez à vos champignons 2 cuillerées à bouche d'une petite julienne de truffes.

D'un autre côté, préparez une crème avec une demi-livre d'esturgeon que vous passez au beurre par petites tranches ; assaisonnez et égouttez bien sur un linge propre ; pilez au mortier avec un demi-verre de crème double ; passez aussi à l'étamine et mélangez, au moment de servir, à la sauce bien chaude.

MANIÈRE DE CONSERVER LES ŒUFS

La conservation des œufs se fait du 15 août au 15 septembre. Voici un procédé que je trouve dans le grand dictionnaire de cuisine d'Alexandre Dumas :

Enterrez les œufs dans des cendres de bois neuf, auxquelles on a mêlé des branches de genévrier, de laurier et d'autres bois aromatiques. Il est bon de mélanger avec cette cendre du sable très sec et très fin.

Au reste, il y a une façon très simple de savoir si l'œuf est encore bon ; posez-le dans une tasse pleine d'eau ; s'il se soulève d'un des côtés et tend à se tenir debout, c'est que l'œuf est au tiers vide et par conséquent n'est pas mangeable. S'il pose d'aplomb sur son milieu, c'est qu'il est frais.

Conduite de la Nature en formant un poulet d'un œuf

Pour être instruit de la méthode que la nature suit en formant un poussin d'un œuf, en le considérant avant et après l'incubation, on saura que, dans le premier cas, on trouve dans la tunique du jaune de l'œuf une petite tache blanche en forme de cercle qui ressemble à une petite lentille, ce qu'on nomme *cicatrice.* Durant l'incubation, la cicatrice se dilate et s'étend le premier jour en certains cercles; on y observe le même jour et le suivant certaine liqueur claire et luisante, plus pure qu'un cristal, qu'on appelle *gelée*. Le troisième et le quatrième jour, on aperçoit dans la gelée une ligne de sang vermeil et le point saillant au milieu qui est le commencement du cœur. On remarque ensuite autour de ce point quelque chose de grossier et de blanchâtre, en forme de petit nuage, divisé en deux parties, dont la plus grande fait la matière de la tête qu'elle commence et dans laquelle on remarque quatre petites vessies qui sont le cerveau, le cervelet et les deux yeux. L'autre partie est plus petite et, au-dessous, elle représente la quille d'un vaisseau et produit l'épine du dos, d'où l'on voit sortir peu à peu les jambes. Enfin, ces viscères s'attachent successivement aux vaisseaux qui renferment le sang et forment le fœtus parfait qui est le poulet.

Un habile anatomiste remarque que ce fœtus est renfermé dans la cicatrice déjà avant l'incubation, en sorte que la tête, l'épine et ses appendices se distinguent manifestement dans la petite tunique qui nage dans la gelée de la cicatrice, et qu'ainsi les parties du poulet préexistent dans l'œuf et précèdent l'incubation ; qu'ensuite ce petit animal, déjà formé, reçoit sa nature entière des sucs nourriciers et fermentatifs, mêlés ensemble, qui, par leur action mutuelle, engendrent successivement le sang et font paraître et croître les parties essentielles au poulet.

Toute cette petite machine néanmoins ne saurait s'achever ainsi sans le secours d'une chaleur étrangère et dont les parties aient des rapports de convenance avec celles du poulet. Tous les oiseaux seraient bons pour cela s'ils voulaient avoir la patience de fomenter les œufs comme il faut ; mais, comme les poulets et autres oiseaux sont plus à portée, on s'en sert pour couver les œufs qu'on destine pour augmenter l'espèce de la volaille.

HERVÉE.

CUISINE

FILETS DE BŒUF A LA DUMAS

Clouez un bon morceau de filet de bœuf avec des petits bâtonnets de jambon cru non fumé, emballez-le avec des bardes de tétines de veau ; faites-le braiser dans un bon fond ; dressez-le sur plat ; garnissez-le de têtes de céleris braisées et de lazagnes au jus et fromage ; saucez avec son fond bien dégraissé.

RAGOUT DE VEAU A LA SICILIENNE

Faites un bon ragoût de poitrine de veau, où vous aurez mis un peu de sauce tomate; faites cuire avec des quarts d'artichauts, ainsi que des fenouilles fraîches, sel, poivre; dégraissez bien et servez dans un plat creux.

FRICANDEAU FRANCO-RUSSE

Clouez un bon fricandeau de truffes et langues écarlates, salez et poivrez le fricandeau; emballez-le doublement dans la crépine; faites cuire richement. Posez-le sur un plat ovale. Garnissez-le de concombres farcies et de petites croustades de pain frit, remplies d'un petit ragoût de champignons, que vous passerez au four pour les faire un peu gratiner. Dans les deux extrémités du plat, vous placerez deux croustades de pain plus grandes que les autres, remplies de rognons de veau sautés au madère; formez une sauce brune faite avec le fond du fricandeau.

POUDING A LA CASTELLANE

Mettez dans une casserole un quart de petit salé, bien dessalé et coupé par dés; faites-le revenir dans un peu de beurre; ajoutez deux verres de tomate bien liquides et un bouquet bien garni; faites cuire jusqu'à ce qu'il n'y ait plus de liquide; ajoutez à ce moment un verre de sauce espagnole, bien épaisse et huit jaunes d'œufs; versez dans un moule à cylindre bien beurré; faites cuire au bain-marie vingt-cinq minutes; démoulez dans un plat creux et saucez avec une demi-glace.

OREILLES DE VEAU A LA COQUELIN

Nettoyez et faites blanchir 4 oreilles de veau; faites-les cuire comme d'habitude; dressez-les sur un plat rond, où se trouvera déjà du riz à la financière; saucez avec une sauce espagnole au madère.

FRICANDEAU A LA MONTEYNARD

Piquez un bon fricandeau de 6 livres ; faites-le cuire dans un riche fond, trois heures et demie ; servez-le sur un plat ovale ; garnissez-le de têtes de céleri braisé et fonds d'artichauts de même ; placez aux deux extrémités du plat des quenelles de volailles en surprise, c'est-à-dire farcies d'un salpicon de truffes liées ; préparez une bonne sauce brune, vous ajouterez la cuisson du fricandeau bien dégraissée ; glacez le fricandeau au pinceau. Saucez la garniture et servez le reste dans une saucière.

CHATEAUBRIANT A LA MINA

Coupez dans le milieu d'un filet 6 chateaubriants, de l'épaisseur de 4 centimètres, sel et poivre ; touchez dans du beurre fondu et faites griller à point ; dressez sur un plat ovale ; mettez des deux côtés du plat une purée d'artichauts et un petit ragoût de champignons, et aux deux bouts du plat des petites pommes de terre sautées au beurre. Servir à part une sauce Charron.

PALAIS DE BŒUF A LA RUSSE

Blanchissez et grattez avec un couteau la peau des palais. Coupez avec l'emporte-pièce rond, de la grandeur d'un verre à eau; faites-les braiser dans un bon fond; dressez-les sur une bordure faite avec une béchamel, où vous incorporez un ragoût de champignons ou des œufs, assez pour la tenir; mettez au milieu du plat un bon ragoût de champignons. Saucez avec une sauce brune au madère.

PIEDS DE PORC FRAIS AU CHASSEUR

Nettoyez bien les pieds de porc; coupez-les en trois ou quatre morceaux; faite-les cuire comme on fait un ragoût de mouton; dégraissez-les après cuisson; liez un peu le jus avec un petit roux; ajoutez-y des petits artichauts ou des demis en quantité, des oignons glacés. Versez sur un légumier et servez.

BLANQUETTE DE VEAU A LA JULES SIMON

Coupez la blanquette dans du jarret de veau

désossé ; faites-la revenir dans une casserole avec un peu de beurre ; recouvrez-la avec du bouillon blanc ; garnissez de légumes et un bouquet garni. Une fois cuit, formez la sauce avec du bouillon ; liez-la avec des jaunes d'œufs ; replacez-y les morceaux de jarret ; placez sur un légumier et recouvrez la blanquette de pointes d'asperges.

CHAUD-FROID DE PIGEONS A LA VIRGILE

Désossez deux pigeons ; farcissez-les avec la farce suivante :

Prenez de la Béchamel bien épaisse ; mélangez-y une livre de Mortadelle de Bologne, coupée en petits dés, ainsi que 8 jaunes d'œufs, sel, poivre ; faites cuire trois quarts d'heure, et emballez vos galantines comme on fait pour les galantines de volaille, une fois retirées du feu et sans les mettre sous presse ; une fois froides, coupez-les par tranche d'un centimètre d'épaisseur ; trempez-les dans une sauce chaud-froid jaune (allemande), vous les dresserez sur une bordure de farce. Au milieu, mettez des truffes bien glacées au pinceau avec quelques tranches de foie gras. Garnissez le tour d'aspic.

POULET A LA MARGUERY

Coupez un petit poulet comme pour sauter ; panez-le une fois, au moment de servir ; faites-le frire et placez-le sur une bordure de riz au gras ; garnissez la bordure de petits artichauts braisés ; saucez le tout complétement avec une sauce Périgord, où vous aurez mélangé quelques petites olives sans noyaux ; servez bien chaud (et je vous assure qu'on le trouvera bon).

RIZ DE VEAU A LA DUCHESSE

Piquez deux bons riz de veau ; dressez-les sur le plat, sur une forte sauce allemande, c'est-à-dire épaisse comme une Béchamel ; garnissez l'entour de petites croustades de pain, remplies de purée de volaille et mettez, entre chaque croustade, un jaune d'œuf, pas trop dur. Saucez avec une demi-glace et servez.

COTELETTE DE VEAU A LA BALZAC

Préparez des cotelettes de veau, pas trop

épaisses ; touchez-les dans la glace de viande fondue ; laissez-lui prendre des truffes hachées, le plus possible ; touchez à l'œuf battu où vous aurez mis un peu de beurre fondu ; panez une fois ; retouchez au beurre fondu ; faites griller lentement. Servez sur plat avec une purée de champignons. Servez à part une demi-glace.

SOUFFLÉ AU JAMBON

Hachez très fin du jambon cuit et maigre ; pilez au mortier ; ajoutez deux fois son volume d'une sauce suprême, épaisse comme une Béchamel ; passez au tamis et travaillez dans une terrine, pour bien réunir. Ajoutez une truffe hachée bien fin, ainsi que 2 jaunes d'œufs, 4 blancs montés et faites cuire.

PAIN A LA MOSCOVITE

Faites une abbaisse, de la hauteur d'un centimètre, avec de la pâte à brioche, et de la largeur d'une assiette ; préparez de la pâte avec de la crème d'amande. Comme pour le gâteau d'amande, vous y mélangerez beaucoup de cédrat, coupé en dés et ainsi que des pistaches et du raisin de malaga sans pépin ; recouvrez avec une seconde abbaisse en brioche ; dorez et garnissez avec la même brioche et faites cuire au four doux, pendant un quart d'heure. Servez froid.

POULET SOLFÉRINO

Videz un poulet pas trop gras. Enlevez les cuisses et les filets ; mettez du beurre dans la casserole, persil, champignons en tranches. Les poulets étant cuits, ajoutez de la sauce tomate. Servez avec du riz au gras.

ENTRÉE GRAS ET MAIGRE

(Inédit)

Mettez sur une plaque une jolie croustade, que vous aurez taillée dans du riz, et, à l'aide d'un pinceau, imbibez-la de beurre clarifié. Placez au four bien chaud, afin que cette croustade prenne

une belle couleur noisette, en renouvelant plusieurs fois l'imbibage au beurre.

Au moment de servir, vous la poserez sur un plat d'entrée, en la garnissant, à sa base et dans son pourtour, de suprêmes de volailles. Entre la croustade et les suprêmes, placez un petit ragoût de truffes, lié avec une sauce espagnole au madère. Saucez les filets avec un suprême. Placez en couronne, dans le haut de la croustade, des œufs mollets, cuits pendant cinq minutes. Entre chaque œuf, introduisez une crête de pain frit. Édifiez au centre et en pyramide une bonne purée d'artichauts. Au faîte de la pyramide, un petit bouquet de pointes d'asperges. Saucez légèrement les œufs avec du beurre fondu, assaisonné avec un peu de persil blanchi et bien hâché.

GALANTINE DE PETITS CANARDS

(Imitation)

— *Redemandée* —

Détachez les cuisses de six petits poulets ; videz-les complètement de la chair et coupez l'os à l'endroit de la jointure. Il ne doit rester que la peau et le reste de la jambe moins les pattes que vous avez eu soin de couper préalablement. Grat-

Galantine de petits canards, sur socle
(Imitation)
Dessin de F. Grandi

tez ce qui reste de l'os de la jambe comme si c'était une côtelette de mouton.

Étalez sur la table les cuisses des poulets, remplissez-les d'une farce à galantine fine, en mettant au milieu de la farce de chaque cuisse un bon morceau de foie gras assaisonné ; cousez l'ouverture des cuisses pour bien y enfermer la farce (il ne faut pas trop les remplir, pour éviter qu'elles ne crèvent durant la cuisson).

Aplatissez-les avec les mains, repliez deux fois la jambe sur la cuisse, afin de lui donner la forme d'un petit canard (voir le dessin ci-contre), en ayant soin de l'attacher deux fois avec de la ficelle pour qu'elles ne se déforment pas pendant la cuisson ; enveloppez comme une galantine et finissez de même.

Mettez des truffes dans des caisses en papier ; ensuite, placez vos canards dans un lit d'aspic brillanté, et croûtonnez à plaisir.

Dans le milieu est placé un pain de foie gras.

Le socle est une carcasse en bois masqué d'un appareil de graisse à socle.

Le sujet est en stéarine, coulé.

MENU

SERVI AU CHATEAU DE TENCIN

Chez M. le Marquis de Monteynard

POTAGES

Potage d'orge à la Kisseleff
Consommé à la Demidoff

HORS-D'ŒUVRE

Timbale à la Marquise
Soufflés de foie gras aux truffes

RELEVÉS

Saumon sauce Lucullus
Selles de pré-salé à la Monteynard

ENTRÉES

Suprêmes de volailles à la Patti
Chaud-froid de perdreaux à la Royale

ROTIS

Canetons sauce rouennaise
Jambon d'York à la reine Victoria

ENTREMETS

Petits pois à la française
Artichauts à l'italienne
Pouding diplomate au champagne
Glace Tutti-Frutti

DINER

Servi chez M. Désiré Cochin

Pour ses Noces d'argent, le 28 février 1892

Potage aux trois filets
Truite sauce mousseline
Filet de bœuf sauce madère
Jambon à la gelée
Faisans rôtis
Salade d'endives
Pâté de foie gras
Petits pois à la Française
Glace à la Russe
Petites gaufres

DESSERT

VINS

Madère, Xérès
Saint-Julien, Saint-Émilion
Château Léoville, Corton 1870
Champagne Cliquot, Château-Yquem
Moscatel

ÉPILOGUE

O vous que mes leçons n'auront point satisfaits,
J'ose vous renvoyer au *Cuisinier français*,
Au *Trésor de Camus*, catéchisme ordinaire
De l'artiste grossier, du valet mercenaire,
Qui pense avoir atteint le secret de son art
Quand il sait apprêter une omelette au lard.

(Berchoux. — *La Gastronomie.*)

TABLE DES MATIÈRES

APPENDICE

CUISINE

ŒUVRES DE L'AUTEUR

La Gastronomie princière (1866) .... 2 fr.

Il Cucinière économico, o l'arte di far la buona Cucina (1870) .... *Épuisé*

Rime del Cuoco (1881) .... *Épuisé*

La Cuisine Italienne (1881) 1 50

Les 130 Manières de préparer les Œufs (1893), refondue dans les 250 manières.

AUGUSTE RÉTY. — GRANDE IMPRIMERIE DE MEULAN (S.-ET-O.)

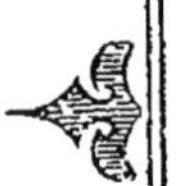

MEULAN
Imprimerie A. RÉTY